청년공동체 바로세우기 | 창세기

(학습자용)

청년공동체 바로세우기 | 창세기(학습자용)

초판 1쇄 발행 | 2013. 3. 5
초판 12쇄 인쇄 | 2024. 10. 1
지은이 | 김상권
연구위원 | 곽봉준 목사(수영로교회), 김경웅 목사(수영로교회)
김주혁 목사(해운대제일교회), 김지원 목사(삼일교회)
박효범 목사(신일교회), 박요셉 목사(수영로교회)
송길남 목사(수영로교회), 양영모 목사(수영로교회)
이기환 목사(에딘버리대학 유학중), 이다윗 목사(아나톨레)
조인식 목사(경산중앙교회), 최진혁 목사(수영로교회)
펴낸이 | 정신일
펴낸곳 | 크리스천리더
편 집 | 방진아
교 정 | 성주희희
일부총판 | 생명의 말씀사 (02) 3159-7979
등 록 | 제 2-2727호(1999. 9.30)
주 소 | 부천시 원미구 중동 1289번지 팰리스카운티 아이파크상가 3층
전 화 | (032) 342-1979
팩 스 | (032) 343-3567
도서 출간 상담 | E-mail:chmbit@hanmail.net
Homepage | cjesus.co.kr

ISBN : 978-89-6594-075-3 (03230)

정가 : 5,800원

더 이상 미룰 수 없는 한국교회 다음 세대를 세우는 마지막 대안, 청년공동체 바로 세우기 프로젝트

청년공동체 바로 세우기

청년공동체 바로세우기 학습자용

창세기의 원어적 의미를 찾는 영적 성숙 프로젝트

김상권 목사

[창세기]

>>> Genesis Project >>>

CLS 크리스천리더

청년 공동체 바로 세우기를 위한 소그룹 사역 전략

청년 공동체 바로 세우기 소그룹 사역 전략은 총 다섯 가지의 전략을 가지고 각 청년 공동체에 맞게 조율 수립하여 각 공동체가 커리큘럼과 양육 체계를 가지고, 실질적인 영적 성숙의 가시화를 목표로 하는 청년 공동체 소그룹 사역 전문 매뉴얼입니다. 구체적인 세부안은『청년 실종 공동체성으로 공략하라』(크리스천리더)를 참고하세요.

1. 공동체성 진단하기

1) 사역 현장의 양육, 예배, 교제, 전도 기능을 대표하는 사역들이 공동체성에 미치는 영향을 5점 척도로 회원들에게 체크하도록 한다.
2) 상대적으로 부족하다고 생각되는 부분을 함양하기 위한 사역을 점검하고 수정과 보완을 실시한다.
3) 정기적으로 진단하여 공동체성 함양을 파악한다.

(예시)

공동체성		양육 기능	예배 기능	교제 기능	전도 기능	소계
사 역		( )	( )	( )	( )	
관계적 속성	친밀한 상호작용과 영향	0 1 2 3 4	0 1 2 3 4	0 1 2 3 4	0 1 2 3 4	
	공동 목적 추구 행위	0 1 2 3 4	0 1 2 3 4	0 1 2 3 4	0 1 2 3 4	
	전인격적 관계	0 1 2 3 4	0 1 2 3 4	0 1 2 3 4	0 1 2 3 4	
	공동체 참여	0 1 2 3 4	0 1 2 3 4	0 1 2 3 4	0 1 2 3 4	
	공동 가치와 규범의 공유	0 1 2 3 4	0 1 2 3 4	0 1 2 3 4	0 1 2 3 4	
소 계						
정서적 속성	정서적 공감과 일치	0 1 2 3 4	0 1 2 3 4	0 1 2 3 4	0 1 2 3 4	
	개인과 공동체의 유익 일치	0 1 2 3 4	0 1 2 3 4	0 1 2 3 4	0 1 2 3 4	
	심리적 욕구의 통합과 충족	0 1 2 3 4	0 1 2 3 4	0 1 2 3 4	0 1 2 3 4	
	공동체 지향 본연 의지	0 1 2 3 4	0 1 2 3 4	0 1 2 3 4	0 1 2 3 4	
	의식적 소속감	0 1 2 3 4	0 1 2 3 4	0 1 2 3 4	0 1 2 3 4	
소 계						
물리적 속성	지리적 근접성	0 1 2 3 4	0 1 2 3 4	0 1 2 3 4	0 1 2 3 4	
	시간과 공간의 유사성	0 1 2 3 4	0 1 2 3 4	0 1 2 3 4	0 1 2 3 4	
	공동체 환경의 특성	0 1 2 3 4	0 1 2 3 4	0 1 2 3 4	0 1 2 3 4	
	사회적 단일성	0 1 2 3 4	0 1 2 3 4	0 1 2 3 4	0 1 2 3 4	
	공통된 문화의 공유	0 1 2 3 4	0 1 2 3 4	0 1 2 3 4	0 1 2 3 4	
소 계						
총 계						

2. 핵심가치 공유하기

1) 공동체성은 교회 부흥과 쇠퇴의 핵심적 요인이다.

2) 공동체성은 소그룹 사역에서 효과적으로 함양될 수 있다.

3) 소그룹은 예배, 양육, 전도, 교제의 기능을 강화할 때 활성화된다.

4) 1년을 4달씩 한 텀(Term)으로 묶어 소그룹 커리큘럼을 세우고 공동체에 적용한다.

(예시)

<table>
<tr><th>연차</th><th>필수 과정
(1~4월)</th><th>암송구절</th><th>선택 과정
(5~8월)</th><th>필수 과정
(9~12월)</th><th>암송구절</th></tr>
<tr><td>6년차</td><td>룻기</td><td>1. 내주하시는 성령(갈 4:6)
2. 통치하시는 성령(갈 5:16)
3. 계시하시는 성령(요 14:26)
4. 능력 주시는 성령(고전 2:4,5)</td><td rowspan="6">☞ 그리스도인 되기
☞ 기독교 세계관
☞ 거친 형상과 내적 치유
☞ 하나님 음성을 듣는 법
☞ 이성 교제와 결혼 준비
☞ 경배와 찬양
☞ 비전과 소명
☞ 기도 학교
☞ 부모와 가정 사역
☞ 직장과 신앙
☞ 고난과 시험
☞ 감정 다루기
☞ 영성 훈련
☞ 캠퍼스 생활
☞ 대인관계와 커뮤니케이션
☞ 선교와 선교적 삶
☞ 이단 연구
☞ 대중문화와 기독교
☞ 하나님의 이름
☞ 기독교 교리 입문
☞ 그리스도인의 물질관
☞ 교회론과 실제
☞ 종말론과 실제
☞ 구원론과 실제
☞ 기독론과 실제
☞ 신론과 실제
☞ 기질과 은사 개발</td><td>야고
보서</td><td>1. 용서함(엡 4:32)
2. 오래 참음(엡 4:2)
3 . 분노를 다스림(엡 4:26)
4. 악의를 버림(엡 4:31)</td></tr>
<tr><td>5년차</td><td>느헤
미야</td><td>1. 믿음(히 11:6)
2. 선행(갈 6:9,10)
3. 경청함(약 1:19)
4. 책망을 받아들임(잠 9:8,9)</td><td>갈라디
아서</td><td>1. 생각의 습관(빌 4:8)
2. 마음의 습관(눅 6:45)
3. 말의 습관(엡 4:29)
4. 행동의 습관(살전 5:22)</td></tr>
<tr><td>4년차</td><td>사사기</td><td>1. 공급(롬 8:32)
2. 유혹에서 도우심(시 119:9,11)
3. 교제(마 18:20)
4. 증거(롬 1:16)</td><td>요한
복음</td><td>1. 사랑(요일 3:18)
2. 겸손(벧전 5:5,6)
3. 순결(엡 5:3)
4. 정직(행 24:16)</td></tr>
<tr><td>3년차</td><td>여호
수아</td><td>1. 구원의 확신(요 5:24)
2. 예수를 첫자리에 모심(마 6:33)
3. 죄에서 떠남(롬 12:2)
4. 견고함(고전 15:58)</td><td>빌립
보서</td><td>1. 성령(고전 3:16)
2. 능력(사 41:10)
3. 성실(애 3:22,23)
4. 평안(사 26:3)</td></tr>
<tr><td>2년차</td><td>말라기</td><td>1. 중심 되신 그리스도(갈 2:20)
2. 그리스도께 순종(요 14:21)
3. 말씀(딤후 3:16)
4. 기도(요 15:7)</td><td>누가
복음</td><td>1. 모든 이가 죄를 범함(롬 3:23)
2. 죄의 형벌(롬 6:23)
3. 그리스도가 형벌 받음(롬 5:8)
4. 그리스도를 영접해야 함(요 1:12)</td></tr>
<tr><td>1년차</td><td>창세기</td><td>1. 말씀에 의한 생활(행 20:32)
2. 성령에 의한 생활(롬 8:14)
3. 믿음에 의한 생활(고후 5:7)
4. 사랑에 의한 생활(요일 4:11)</td><td>에베
소서</td><td>1. 구원의 확신(요일 5:11,12)
2. 기도응답의 확신(요 16:24)
3. 승리의 확신(고전 10:13)
4. 사죄의. 확신(요일 1:9)</td></tr>
</table>

3. 양육 체계 확립하기

1) 모든 회원을 신앙의 성숙도에 따라 4 Step으로 분류한다.

2) 한 Term에 One Step-up을 목적으로 하여 양육하고 섬기는 사역을 실시한다.

3) Step-up이 이루어지지 않았을 때는 다음 Term에 다시 시도한다.

4) Step-up은 매 Term 시작 시점마다 점검하여 Step-up을 위한 소그룹 사역을 병행한다.

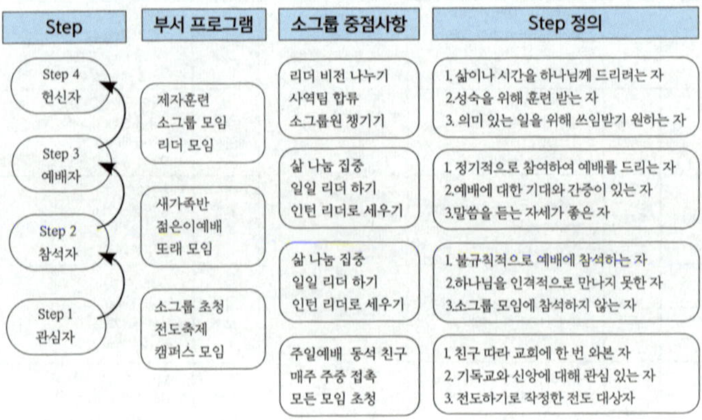

4. 운영지침 반복하기

1) 공동체성에 영향을 주는 소그룹의 기능별로 두 가지 정도의 운영 지침을 마련하여 계속해서 반복한다.

2) 각 운영지침에 대한 세부안을 준비하여 강의와 실습 형식으로 매 Term마다 반복하게 한다.

소그룹 기능	분 류	기능 강화를 위한 운영 지침
양육	귀납적(Inductive)	귀납적으로 성경공부를 인도하라
	대화(Communication)	대화를 통해 마음을 열라
예배	기회(Opportunity)	소그룹 예배에 참여할 기회를 주라
	분위기(Atmosphere)	개방적이고 용납적인 분위기를 만들라
교제	사람(Individual)	사람 중심의 소그룹 교제를 유도하라
	갈등(Trouble)	갈등을 효과적으로 관리하라
전도	기도(Prayer)	기도로 성령의 인도하심을 구하라
	목적(Purpose)	목적 지향적 소그룹이 되게 하라

5. 소그룹 리더 양육하기

1) 리더 양육 커리큘럼을 구체적으로 정하여 재교육하는 시스템을 구축한다.

2) 지속적으로 가르치고 실습하게 하되, 다양한 범주 안에서 치우치지 않도록 실시한다.

회 기	양육 커리큘럼	비 고
1st Term (1~4월)	목적 지향적 소그룹 만들기(6주) 리더 친목회(1일) 기질과 은사(4주) 리더 수련회(1박)	리더 훈련 공동체 훈련 제자 훈련 집중 훈련
2nd Term (5~8월)	귀납적 성경공부의 이론과 실제(4주) 리더 친목회(1일) 두려움 없이 사는 법(6주) 리더 수련회(1박)	리더 훈련 공동체 훈련 제자 훈련 집중 훈련
3rd Term (9~12월)	대인관계와 인간 이해(4주) 리더 친목회(1일) 하나님 마음에 합한 사람(6주) 리더 수련회(1박)	리더 훈련 공동체 훈련 제자 훈련 집중 훈련

『창세기』 교재 개발 지침

1. 각 과의 목적을 분명하게 드러내고 있는가?
2. 관찰, 해석, 적용, 실천 영역들이 골고루 반영되었는가?
3. 각 질문은 삶을 터치할 수 있는 질문들인가?
4. 귀납적으로 소그룹원들의 생각과 삶을 돌아보게 하는 질문인가?
5. 열린 질문('예', '아니오'로 답할 수 없는 질문)인가?
6. 처음부터 끝까지 그 진행이 부드럽고 매끄러운가?
7. 분명하고 확실한 질문인가?
8. 형식적으로 들어간 질문은 없는가?
9. 청년들에게 신선함을 주는 디자인과 내용인가?
10. 연구와 묵고(默考)를 거치면 객관적으로 답할 수 있는 질문들인가?
11. 소그룹 안에서의 협동 학습을 실행할 수 있도록 짜여 있는가?
12. 소그룹 인도자가 충분히 준비할 수 있는 시스템과 자료가 지원되고 있는가?
13. 소그룹 인도자가 각 과의 핵심가치를 분명히 알 수 있게 하는 시스템이 준비되었는가?
14. 소그룹 인도자의 공과 진행을 자신과 지도자가 파악할 수 있는 구조는 마련되었는가?

Contents

1과
창조 클리닉으로 오세요!

창조(1:1~2:17)

뿌리 이야기

한 생명이 탄생해서 자립할 때까지를 살펴보면 어느 것 하나 저절로 되는 것은 하나도 없다. 아주 미약한 생명인 식물도 그 씨가 땅에 떨어져 뿌리를 내릴 때까지 얼마나 많은 도움이 필요한가? 땅에서는 영양분을 받아야 하고, 햇볕과 바람도 필요하고, 물도 줘야 비로소 뿌리를 내리고 성장하는 것을 볼 수 있다.

우리는 자그마한 씨가 싹이 나고 뿌리를 내려서 예쁜 꽃을 피우는 것을 보고 감격하면서도, 그렇게 될 때까지 수고하고 사랑의 섬김을 아끼지 않은 만물에 대한 감사는 잘 모르는 것 같다. 사람은 더하다.

사람도 자신이 성장하기까지 수많은 사람의 눈물과 사랑, 헌신과 섬김이 있었는지는 모른 채, 제 앞가림이라도 할 나이가 되면 으레 자기가 잘 나서 혼자 컸다고 생각한다.

특히 이러한 '배은망덕(背恩忘德) 증후군'은 부모로부터 이제 막 독립해서 살아가는 젊은이들에게서 쉽게 찾아볼 수 있다. 이제 우리는 작은 식물에게서 배워야 한다. 차마 땅 위로 드러내지도 못하고 땅속으로 뿌리를 내리며 우리를 향해 모든 것에 대한 감사와 은혜를 잊지 말라고 말하는, 한낱 미물의 수줍은 교훈을 들어야 한다.

말씀암송 | 말씀에 의한 생활(행20:32)

지금 내가 여러분을 주와 및 그 은혜의 말씀에 부탁하노니 그 말씀이 여러분을 능히 든든히 세우사 거룩하게 하심을 입은 모든 자 가운데 기업이 있게 하시리라

|다가서기|

1. 성경은 우리에게 웃을 때가 있으면 울 때도 있고, 심을 때가 있으면 거둘 때도 있다고 가르친다. 당신의 삶은 태어나서 지금까지 어떤 때를 지나왔는가? 인생의 좋았던 시기와 어려웠던 시기를 그래프로 그려보고 소그룹원들에게 그때를 설명해 보라.

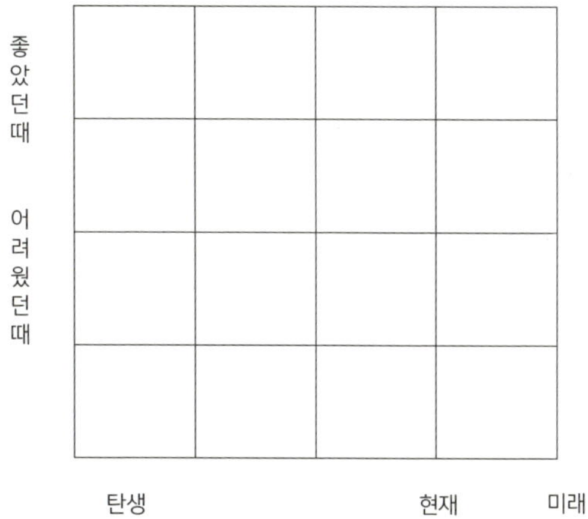

2. 당신이 생각하는 창세기는 어떤 책인지 생각나는 대로 돌아가하면서 한 마디씩 나누어 보라.

|깊이보기|

3. 성경은 천지를 누가 만드셨다고 말하는가? 당신은 이 사실을 믿는가? 그렇지 못하다면 그 이유는 무엇인가?(창1:1)

4. 하나님은 무엇을 창조하셨는지 말씀을 꼼꼼히 살펴 정리해 보라.

날	창조하신것	특징
첫째날(1~5절)		
둘째날(5~8절)		
셋째날(9~13절)		
넷째날(14~19절)		
다섯째날(20~23절)		
여섯째날(24~31절)		

5. 창세기 1장에는 '하나님이 이르시되'가 모두 몇 번 나오는가? 이 말이 의미하는 것은 무엇이라고 생각하는가?(참조 히11:3)

6. 하나님께서 천지를 말씀으로 창조하심을 믿는가? 천지를 창조하신 이유가 무엇이라고 생각하는가?(창1:21~22, 골1:16~17)

7. 창세기 1장 26~28절은 창조의 절정인 '인간 창조'를 설명하고 있다. 본문에서 인간 창조의 세 가지 특징을 찾아보라.

① 첫 번째 특징(26절) - 하나님의 □□에 의해서

② 두 번째 특징(27절) - 하나님의 □□ 따라

③ 세 번째 특징(28절) - 사람에게 □을 주어

8. 당신이 이 땅에 태어남이 정말 7번의 결과임을 믿는가? 믿지 못하고 있다면 그 이유는 무엇인가?

9. 창세기 2장은 '인간 본색'에 대한 성경의 가르침이다. 본문에서 인간의 세 가지 정체성을 찾아보라.

① 첫 번째 정체성(7절) - □□□ 공급 없이 살 수 없는 존재

② 두 번째 정체성(15절) - 필연적 □□□ 존재

③ 세 번째 정체성(16,17절) - □□ 의 에덴에서 사는 존재

10. 당신은 당신이 어떤 존재라고 생각하는가? 성경에서 말하는 세 가지 정체성을 가지고 있는가?

|다짐하기|

11. 우리 삶에 '선한 것의 창조'는 하나님의 말씀으로 시작된다. 한 주 동안 하나님의 말씀을 가까이할 방법을 정하고 나누어 보라.

12. 당신은 얼마나 성경적인 자기 정체성을 가지고 있는가? 나의 성경적 정체성 형성을 방해하는 것들 세 가지를 파악하고 그것들을 해결할 방법들을 정해서 나누어 보라.

|관점얻기|

창세기는 어떤 책?

'창세기(Genesis)'라는 말은 생성, 근원의 뜻을 가진 '게네세오스(Geneseos)'에서 유래한 단어이며 세대, 계보, 자손의 의미를 지닌 '톨레돗(toledoth)'이라는 말을 번역한 것이다. 창세기(Genesis)는 광야 이스라엘 백성에게 주시는 책이지, 역사책이나 과학책이 아니기 때문에 창세기를 통해 지구의 역사적 자료를 얻으려고 하거나 과학적인 사실을 밝히려 해서는 안 된다.

창세기는 철저하게 교회에 주신 하나님의 말씀이다. 또한 창세기는 성경 전체의 서문임과 동시에 모세 오경의 서론이기도 하다. 개괄적으로 봤을 때, 창세기에는 10개의 재앙, 10개의 계명, 그리고 10개의 계보(우주, 아담, 노아, 노아의 아들, 셈, 데라, 이스마엘, 이삭, 에서, 야곱)가 등장하는데, 이를 통해 '너희는 틀림없는 내 백성'이라는 메시지를 전해주고 있다.

천지는 영원한가?

하나님은 우리의 영적 성숙과 훈련을 위해 천지를 창조하셨다. 창세기 1장 2절의 '운행하셨다'는 말은 'hover(독수리나 새들이 하늘에 높이 떠 있다)'라는 뜻인데, 다른 성경에서는 'brood(알을 품다)'라는 단어를 사용하기도 한다. 이 단어는 성령께서 창조의 역사에 개입하셔서 마치 새가 알을 품듯이 천지를 보호하고 계시다는 뜻이다. 이런 일반 은총의 원리에 따라 예수 믿지 않는 사람도 잘 살아갈 수 있는 것이다. 그런데 하나님이 우리 모두를 보호하시는 데는 목적이 있다.

우리는 마태복음 5장 18절의 "진실로 너희에게 이르노니 천지가 없어지기 전에는 율법의 일점일획이라도 반드시 없어지지 아니하고 다 이루리라"라는 말씀을 통해 그 목적이 말씀의 성취임을 알 수 있다. 이 세상은 말씀이 모두 이뤄지고 나면 없어질 것이다. 천지가 존재하는 이유는 하나님의 말씀으로 하나님의 백성을 훈련시켜 말씀을 이루기 위해서이다. 믿음의 성숙을 위한 훈련장의 역할을 하는 곳이 바로 이 세상이다.

인간 창조의 세 가지 색깔

인간 창조의 첫 번째 특징은 하나님의 의논으로 창조되었다는 것이다(창 1:26). 26절의 '우리'라는 표현은 성부, 성자, 성령이 함께 의논하여 사람을 만드셨다는 것을 의미한다. 그 의논의 결과, 사람은 첫째, 하나님의 형상대로, 둘째, 남자와 여자로 만들어졌다. 하나님이 사람을 만드신 목적은 당신과의 교제를 위해서였다. 그래서 하나님은 사람을 남자와 여자로 만드셨다. 남자와 여자가 서로 마주보고 교제할 때, 그 모습 속에 하나님이 인간을 창조하신 목적이 드러난다. 그러므로 우리 인생의 진정한 목적은 하나님과 교제하는 것이다.

두 번째 특징은 하나님의 형상을 따라 창조되었다는 것이다(27절). '형상'이란 본체는 아니지만 본체와 거의 흡사한 것으로, 본체의 영광을 담아 놓은 것이다. 그러므로 우리의 모습을 통해 하나님이 보여야 한다. 우리가 하나님의 형상이란 말은 하나님의 임재가 우리 가운데 있어야 한다는 말이다. 또한 신의 일이 그 형상을 통해서 이루어진다는 의미를 담고 있기도 하다. 그러므로 하나님의 일, 즉 사람을 구원하는 일은 하나님의 형상을 따라 만들어진 사람을 통해 이루어져야 한다. 세 번째는 복을 주어 창조되었다는 것이다(28절). 하나님은 세상 그 어떤 것에게도 복을 주시지 않고, 오직 인간에게만 복을 주셨다. 그 복은 생육하고 번성하여 땅에 충만하고, 땅을 정복하고 다스리는 것이었다. 그러므로 우리는 우리에게 주신 복을 계승하고 전파해야 한다.

인간의 세 가지 정체성

첫째, 사람은 영적인 공급 없이 살 수 없는 존재이다.(7절) 사람은 원래 흙으로 만들어져 밟힐 존재였지만, 하나님께서 그 코에 생기(성령)를 불어넣으심으로 '산 영'이 되었다. 그래서 우리는 스스로를 자랑할 수 없는 것이다(고후 4:7). 인간은 육적인 존재인 동시에 영적인 존재이기 때문에, 영적인 공급이 없으면 죽는다. 우리에게 영적인 공급이란 예수 그리스도, 곧 그분의 말씀이다(고전 15:45).

둘째, 사람은 필연적 책임감의 존재다(15절). '다스린다'는 말은 '주인(domine)'이라는 말에서 유래했다. 즉, 우리는 책임을 지는 인생을 살아야 한다. 세상이 타락했음에도 불구하고 하나님께서 이 세상을 아직도 심판하지 않으시는 이유는 그가 만드신 세상에 대한 책임감 때문이다. 그러므로 하나님의 형상인 우리도 세상에 대해서, 형제와 이웃에 대해서 필연적 책임을 가진 존재일 수밖에 없다.

셋째, 사람은 '생각의 에덴'에서 사는 존재다(16,17절). 창조 당시, 에덴은 모든 것이 가능한 곳이었다. 현재 우리에게 모든 것이 가능한 곳은 딱 한 군데밖에 없다. 그것은 바로 우리의 생각 속이다. 그러므로 '생각'은 오늘날 우리가 살고 있는 에덴이라고 할 수 있다. 에덴에서 사람이 범했던 죄가 '내가 주인이 되고 싶었던' 것이기에, 우리가 가진 '생각의 에덴'에서도 만약 내가 왕이 되고 하나님을 몰아낸다면 죄를 범했다고 할 수 있다.

|청년 자기 체크리스트|

아래의 체크리스트를 가지고 오늘 소그룹 모임에 임한 자신의 태도를 충분히 점검해 보라.

점검 사항		5	4	3	2	1
준비 및 예습	본 과를 준비하면서 충분히 예습은 하였는가					
	각 과의 분명한 목적은 알고 모임에 임했는가?					
	성령께서 나를 만지시도록 기도로 준비하였는가?					
	소그룹원들을 위해서 중보하였는가?					
	리더를 위해서 중보하였는가?					
	나를 변화시키실 하나님을 기대하는 마음으로 임했는가?					
참여 및 자세	적극적으로 질문과 대답에 참여했는가?					
	정직하게 자신을 오픈했는가?					
	지체들의 발표에 사랑하는 마음으로 공감적 경청을 하였는가?					
	모임 중 성령의 인도하심을 계속적으로 기도했는가?					
	하나님께서 원하시는 것이 무엇인지 분명히 알았는가?					
	발견된 진리를 삶과 인격에 적용하기로 결단했는가?					
	이번주에 중보할 지체를 발견했는가?					
적용 및 결단	삶과 인격 변화를 위한 이번주 자신의 적용은 구체적인가?					
	배운 내용이 삶의 상황에 분명히 적용되었는가?					
	소그룹 모임에 대한 만족감이 있었는가?					
	배운 내용을 분명하게 정리했는가?					
	이번 과의 주제와 목적을 분명히 알게 되었는가?					
	삶과 인격의 변화를 위해 기도할 준비가 되어 있는가?					
평가	이번주 총점					

"그러므로 내 사랑하는 형제들아 견실하며 흔들리지 말고 항상 주의 일에 더욱 힘쓰는 자들이 되라 이는 너희 수고가 주 안에서 헛되지 않은 줄 앎이라" (고전 15:58)

- 이번주 생일자는?
- 다음주 청년부 행사는?
- 이번 달 암송 구절과 필독서는?
- 이번주 소그룹 특이 사항은?
- 다음주 전도할 대상은?

2과
최고의 배우자를 만나는 비결

만남(2:18~25, 24:1~67)

만남의 미학

만남은 아름답다. 세상에 아름다운 것이 많지만, 홀로 있을 때 아름다운 것은 거의 없다. 모든 것은 다른 것과 함께 어우러져 조화를 이룰 때 비로소 아름답다고 할 수 있다. 함께 아름다움을 창조해 가는 만남은 행복이다. 이런 의미에서 우리 인생 역시 만남의 아름다움으로 시작된다고 해도 과언이 아니다. 어떤 신학자는 두 사람이 마주 보고 있는 모습 속에 하나님의 형상이 있다고 말했다.

우리는 성장해 가면서 많은 사람들을 만난다. 내가 사랑하는 사람을 만나고 나를 사랑해 주는 사람을 만난다. 이런 만남을 통해서 우리는 행복이란 것이 무엇인지 조금씩 알게 된다. 때로는 내가 사랑하고 싶지 않은 사람을 만나고, 또 나의 사랑을 거부하는 사람을 만나기도 한다. 이런 만남을 통해서는 포용의 미학을 배우게 된다. 그래서 인생은 만남이다. 만남이 없는 인생은 인생이라고 할 수 없고, 하나님은 우리를 만남 속에서 성숙케 하신다.

한 사람의 인생을 결정짓는 것도 만남이다. 좋은 스승과의 만남, 좋은 책과의 만남, 좋은 친구, 좋은 연인과의 만남을 통해 한 사람의 인격이 그리고 인생이 완성되는 것이다. 그러므로 우리는 좋은 만남을 위해서 기도해야 한다. 좋은 만남이란 좋은 사람들만 만나는 것이 아니다. 좋은 만남이란 만남을 통해 좋은 열매를 맺는 것이다.

말씀암송 | 말씀에 의한 생활(행20:32)

지금 내가 여러분을 주와 및 그 은혜의 말씀에 부탁하노니 그 말씀이 여러분을 능히 든든히 세우사 거룩하게 하심을 입은 모든 자 가운데 기업이 있게 하시리라

|다가서기|

1. 두 사람씩 파트너를 정하고 자신의 파트너가 아래의 문장을 어떻게 말했는지 기록하라. 그리고 소그룹으로 다시 모여 앉아 자신의 파트너가 어떻게 문장을 완성했는지에 대해서 발표해 보자.

- 나는 ________________ 을 통해서 깨달을 경우가 많습니다.
- 내 인생 최고의 깨달음은 ________________ 이었습니다.
- 지금 현재 나는 ________________ 을 통해 깨달음을 얻습니다.
- 우리 소그룹은 ________________ 을 통해 내게 깨달음을 줍니다.

사랑

예배

도전

섬김

기다림

가정

분노

선행

좌절

기타

2. 남자와 여자가 만나서 사랑을 나누고 결혼을 하기까지 가장 중요한 것은 무엇이라고 생각하나?

|깊이보기|

3. 남자와 여자가 가정을 이루는 것은 하나님의 디자인이다. '아담의 배필을 지으리라(18절)'하신 하나님께서 첫 번째로 하신 일은 무엇인가?(19절, 첫 번째 원칙)

4. 하나님은 일방적인 하나님의 결정에 의해 배필을 주시지 않았다. 아담 스스로 모든 동물의 이름을 짓는 작업은 아담의 첫 번째 사명이었고, 그 사명 이행을 통해 그는 자신과 동일한 존재가 없음을 깨달았다. 성경이 말하는 배우자를 만나는 자리는 사명의 자리이다(20절). 동의하는가? 동의하지 않는다면 그 이유는 무엇인가?

5. 아담이 하와를 만나기 전 하나님은 아담을 깊이 잠들게 하셨다(21,22절). 깊이 잠들게 하신 이후 하와를 만나자 '뼈 중의 뼈요 살 중의 살'이란 고백을 하게 하신 의미는 무엇이겠는가?(엡 5:25~27, 두 번째 원칙)

6. 24절에서 결혼의 세 번째 원칙을 발견할 수 있다. 그 두 가지는 무엇인가?(24절) 그리고 그 의미는 무엇인가?

① "남자가 부모를 떠나(미완료형)" - □□의 원칙

② "그의 아내와 합하여 둘이 한 몸을 이룰지로다(완료형)" - □□의 원칙

7. 창세기 24장은 이삭과 리브가의 결혼을 주제로 하고 있다. 리브가를 찾는 아브라함의 철저한 기준에서 우리는 네 번째 원칙을 발견할 수 있다. 그것이 무엇인가?(7절) 당신의 배우자를 찾는 기준은 무엇인지 생각해 보고 성경과 얼마나 차이가 있는지 나누어 보라.

8. 주인 아브라함의 아들 '이삭의 아내'를 찾는 늙은 종의 태도를 확인해 보라. 그리고 그의 행동에 하나님은 어떻게 반응하고 계신지 찾아보라(12~15절, 다섯 번째 원칙).

9. 우리는 배우자를 위해서 기도하는데, 왜 늙은 종과 같은 확신이 없을까? 그것은 배우자를 선택하는 기준이 다르기 때문이다. 당신이 배우자를 찾는 기준은 어떤 것인지 생각해 보고, 성경적이지 않는 것들을 내려놓는 시간을 가지라.

10. 리브가의 모습은 결혼을 준비하는 우리가 어떤 모습이어야 하는지를 잘 설명해 주고 있다. 본문에서 리브가의 모습을 묘사하는 부분을 세 가지로 정리해 보라(16~20절, 여섯 번째 원칙)

11. 이 사람이 나에게 주신 배우자인지 아닌지 어떻게 알 수 있는가? 여기에 대해 성경이 주는 지침은 어떤 것인지 살펴 보라. 세 명의 공통점이 힌트다(17,28,29절, 일곱 번째 원칙).

12. 하나님의 뜻을 분별하는데 중요한 것은 확신이 아니라 태도이다. 당신이 배우자를 만나기 위해서 취하고 있는 태도는 어떤 것이 있는지 생각나는 대로 점검해 보라?

|다짐하기|

13. 당신의 배우자는 '돕는 배필'이다. 당신은 당신의 배우자가 당신의 무엇을 도울 배필이 되어야 한다고 생각하는가? 당신의 사명이 무엇인지의 차원에서 생각해 보고 나누어 보라.

14. 앞에서 살펴본 일곱 가지 원칙은 결혼하기 전 이성교제의 원칙과 결혼 준비를 위한 지침이기도 하다. 자기 말로 일곱 가지를 정리하고 외우도록 한 후에 둘씩 점검하는 시간을 가지라.

최고의 배우자를 만나는 일곱 가지 원칙
첫째, ________________
둘째, ________________
셋째, ________________
넷째, ________________
다섯째, ________________
여섯째, ________________
일곱째, ________________

|관점얻기|

최고의 배우자를 만나는 일곱 가지 원칙

제 1 원칙: 사명의 원칙

배우자는 사명의 자리에서 만난다(창 2:18~20). 하나님께서 '돕는 배필을 지으리라' 작정하신 다음에 제일 먼저 하신 일은 아담으로 하여금 바로 각종 들짐승과 공중의 새들, 각 생물의 이름을 짓게 하신 것이었다(첫 번째 사명). 바로 그 자리에서 돕는 배필의 필요를 보게 하셨고, 하와를 만나게 하신다. 그리고 아담은 그렇게 만난 하와에게 최고의 사랑을 고백한다. 돕는 배필은 '나의 사명을 함께 나누고 돕는' 배필을 말한다.

제 2 원칙: 기다림의 원칙

최고의 배필을 얻기 위해서는 죽어야 한다(창 2:21). 하나님이 하와를 만들기 위해 아담에게서 갈빗대 하나를 취한 것은 엄청난 고통이 따르는 일이었다. 사람들이 흔히 말하는 '느낌 또는 감정(feeling)'은 좋은 배우자를 만날 수 있는 방법이 아니다. 원래 남자와 여자는 하나이기 때문이다. 에베소서 5장 25~27절은 남편과 아내의 하나 됨을 주께서 교회를 위하여 죽으신 것에 비유하면서, 이는 흠이나 티가 없는 교회가 되도록 하기 위함이라고 말하고 있다. 기다림과 인내가 좋은 배우자를 만들어가는 것이다.

제 3 원칙: 독립과 연합의 원칙

독립과 연합이 있어야 한다(창 2:24). 말씀에서 '남자가 부모를 떠나'라는 말은 미완료형이고, "연합하다, 이루다"는 말은 완료형이다. 이 말은 지속적인 부모로부터의 떠남을 통해 남녀가 온전히 하나를 이룰 수 있다는 말이다. 여기서의 '떠남'은 단절이 아닌 육체적, 인격적, 사회적 독립을 의미한다.

제 4 원칙: 말씀의 원칙

배우자 선택의 기준은 철저히 말씀이 되어야 한다(창 24:7). 아브라함은 자신의 아들의 배우자를 찾음에 있어서 철저한 하나의 기준을 세우고 늙은 종에게 맹세를 받는다. 그것은 바로 하나님의 말씀이었다. 한 번도 본 적이 없는 사람과 살기 위해, 한 번도 본 적이 없는 늙은이를 따라, 한 번도 가 본 적이 없는 길을 떠날, 그것도 자원하는 마음으로 올 수 있는 여자는 세상에 없을 것이다. 하지만 하나님의 말씀을 붙드는 사람에게는 가능한 일이었다.

제 5 원칙: 기도의 원칙

배우자는 기도하면서 찾아야 한다(창 24:12). 아브라함의 늙은 종은 자기 마음대로 여인을 찾지 않고, 목적지에 당도하자마자 하늘의 하나님께 기도했다. 그러자 기도가 마치기도 전에 하나님이 예비하신 신부가 그를 향해 다가왔다(창24:15). 하나님의 뜻은 하나님이 이루신다.

제 6 원칙: 정결함의 원칙

좋은 배우자를 맞이하기 위해서는 정결함과 성실함, 이웃 사랑으로 준비되어야 한다(창 24:16~20). 리브가는 자신을 지키는 깨끗함을 가지고 있었다(16절). 또한 일상생활의 성실함도 습관화되어 있었다(20절). 지금 해야 하는 일에 성실하게 임하는 삶의 태도는 배우자를 만나는 지름길이다. 뿐만 아니라 리브가는 남을 섬기는 배려의 사람이었다(17,18절). 그녀는 마지못해 나그네의 부탁을 들어주는 것이 아니라, 자원하는 마음으로 정성을 다하는 이웃 사랑을 실천하고 있었다(20절).

제 7 원칙: 태도 우선의 원칙

배하나님의 뜻을 이루어가는 것은 확신이 아닌 태도의 문제다(24:17,28,29). 이삭의 아내를 찾는 일에 있어 아브라함의 종과 리브가, 오빠 라반은 공통적으로 '달리는' 모습을 보였다. 이것은 하나님의 뜻을 분별함에 있어서 - 하나님의 뜻이 이루어짐에 있어서 - 중요한 것은 하나님의 뜻인지 아닌지를 확신하는 것이 아니라, 하나님의 뜻을 이루어 나가는 태도라는 것을 말해준다. 배우자를 찾고 있다면 자신이 하나님의 뜻 안에서, 앞에서 말한 여섯 가지 원칙을 잘 지키고 있는지, 그 태도와 자세를 점검하라. 중요한 것은 누가 나의 배우자인지에 대한 확신이 아닌 그 과정에 대한 나의 태도이다.

|청년 자기 체크리스트|

아래의 체크리스트를 가지고 오늘 소그룹 모임에 임한 자신의 태도를 충분히 점검해 보라.

점검 사항		5	4	3	2	1
준비 및 예습	본 과를 준비하면서 충분히 예습은 하였는가					
	각 과의 분명한 목적은 알고 모임에 임했는가?					
	성령께서 나를 만지시도록 기도로 준비하였는가?					
	소그룹원들을 위해서 중보하였는가?					
	리더를 위해서 중보하였는가?					
	나를 변화시키실 하나님을 기대하는 마음으로 임했는가?					
참여 및 자세	적극적으로 질문과 대답에 참여했는가?					
	정직하게 자신을 오픈했는가?					
	지체들의 발표에 사랑하는 마음으로 공감적 경청을 하였는가?					
	모임 중 성령의 인도하심을 계속적으로 기도했는가?					
	하나님께서 원하시는 것이 무엇인지 분명히 알았는가?					
	발견된 진리를 삶과 인격에 적용하기로 결단했는가?					
	이번주에 중보할 지체를 발견했는가?					
적용 및 결단	삶과 인격 변화를 위한 이번주 자신의 적용은 구체적인가?					
	배운 내용이 삶의 상황에 분명히 적용되었는가?					
	소그룹 모임에 대한 만족감이 있었는가?					
	배운 내용을 분명하게 정리했는가?					
	이번 과의 주제와 목적을 분명히 알게 되었는가?					
	삶과 인격의 변화를 위해 기도할 준비가 되어 있는가?					
평가	이번주 총점					

"그러므로 내 사랑하는 형제들아 견실하며 흔들리지 말고 항상 주의 일에 더욱 힘쓰는 자들이 되라 이는 너희 수고가 주 안에서 헛되지 않은 줄 앎이라" (고전 15:58)

- 이번주 생일자는?
- 다음주 청년부 행사는?
- 이번 달 암송 구절과 필독서는?
- 이번주 소그룹 특이 사항은?
- 다음주 전도할 대상은?

3과
유혹, 그 힘겨운 이름!

유혹(3:6~21, 39:1~23)

실패 패러독스

사람들이 두려워하는 것이 여럿 있는데 그중의 하나가 바로 '실패'다. 사람들은 실패하면 마음이 상하고 상처를 받고 용기를 잃어버린다.

실패는 우리 삶 구석구석에 도사리고 있다. 사랑에 실패한 사람은 마음에 깊은 상처를 갖게 되고 다시 사랑하기를 주저한다. 공부에 실패한 사람은 늘 열등감을 가지고 살고, 진취적이고 자신감 넘치는 생활을 하기 어렵다. 부모의 이혼을 지켜보면서 가족의 실패로 인한 아픔을 가진 사람도 있다.

이처럼 인생에 있어 실패란 피할 수 없는 것이고, 그래서인지 사람들의 내면에는 항상 실패에 대한 두려움이 자리 잡고 있다.

하지만 실패는 절대 실패를 위한 것이 아니다. 실패는 정의의 편이지, 악의 편이 아니다. 사람은 실패했기 때문에 더 많이 사랑 할 수 있고, 실패했기 때문에 더 겸손해 질 수 있다. 실패 없이 성공한 사람은 성공을 지킬 수 없고, 성공 없이 실패한 사람은 그 실패가 성공의 담보라는 사실을 알아야 한다. 그러므로 실패는 어느 면으로나 정의의 편이다.

이것이 실패의 패러독스이다. 이 역설이 주는 교훈은 실패는 실패를 위한 것이 아니라는 것인데, 그렇다면 어떻게 실패를 성공의 밑거름으로 삼을 수 있을까? 그것은 바로 실패와 성공보다 더 가치 있는 삶이 있다는 사실을 아는 것이다. 그래야 실패를 도구로 볼 수 있다. 진정한 인생의 가치와 의미를 알지 못하는 사람에게 실패는 인생이 되지만, 그것을 아는 사람에게 실패는 도구일 뿐이다. 실패가 주는 패러독스를 기억하자. 하나님께서는 이런 실패를 도구로 사용하셔서 우리의 인생을 만들어 가신다.

말씀암송 | 말씀에 의한 생활(행20:32)

지금 내가 여러분을 주와 및 그 은혜의 말씀에 부탁하노니 그 말씀이 여러분을 능히 든든히 세우사 거룩하게 하심을 입은 모든 자 가운데 기업이 있게 하시리라

|다가서기|

1. 이 세상에 사는 사람들 중에서 성공을 원하지 않는 사람은 없다. 이 시간에는 당신의 성공에 대한 의견을 나누고 그 이유를 한 가지씩 이야기하면서 서로에 대해 알아 가자.

성공하기를 원한다면, ______________ 하라. 왜냐하면?

- 분명한 목표를 정하고 도전하라.
- 감정보다는 일에 더욱 치중하라.
- 자신의 삶을 규칙적인 삶으로 바꾸라.
- 절대로 가족을 소홀히 하지 말라.
- 충고에 대해서 귀 기울이라.
- 열심보다는 능력을 발휘하라.

내 생각에 성공한 사람은 ______________ 이다. 왜냐하면?

· 간디	· 박찬호 선수	· 빌 게이츠
· 대통령	· 유관순 열사	· 마이클 잭슨

|깊이보기|

2. 당신은 유혹을 받아 본 적이 있는가? 그때 그 유혹의 종류와 특성, 결과 등을 서로 나누어 보자.

3. 유혹을 뿌리치는 것은 쉬운 일이 아니다. 창세기 3장 1절을 유심히 관찰하여 유혹의 특징을 있는 대로 찾아보라.

① 간교하다 – 유혹은 □□□□의 얼굴을 찾아온다.

② 뱀이 물어 이르되 – 유혹의 배후에는 □□이 있다.

③ 하나님이 ~하시더냐 – 유혹의 목적은 말씀의 □□이다.

4. 말씀의 변질 속에는 반드시 죄가 도사리고 있다. 원래 하나님이 주신 말씀(창2:16,17)과 여자가 뱀에게 대답하는 하나님의 말씀(창3:2,3)과의 차이점을 비교해 보라.

5. 왜 사단은 여자를 유혹의 대상으로 골랐다고 생각하는가?(창2:16,17)

6. 창세기 3장6,7절은 유혹의 성격과 종류를 말해 준다. 그 특징을 정리해 보고 당신에게 이런 종류의 유혹은 어떤 것들이 있는지 나누어 보자.

현상	유혹의 종류	적용
① 먹음직했다	□□□ 유혹	
② 보암직했다	□□□ 유혹	
③ 지혜롭게 할만 했다	□□ 유혹	

7. 유혹을 받은 인간은 어떤 행동을 하게 되는지 살펴보라.
(6,7,8,12)

현상	유혹의 종류	예수님의 시험	이기신 방법
① 먹음직했다	□□□ 유혹	돌로 떡이 되게 하라	신명기 8장3절
② 보암직했다	□□□ 유혹	뛰어 내리라	신명기 6장16절
③ 지혜롭게 할만 했다	□□ 유혹	경배하면천하를주겠다	신명기 6장13절

8. 첫 번째 아담이 받아 넘어졌던 유혹은 두 번째 아담이신 예수님께도 광야에서 똑같이 주어졌다. 하지만 예수님은 첫 번째 아담과 달리 그 유혹을 이기셨다. 어떻게 이기셨는지 살펴보고 유혹을 이기는 첫 번째 방법에 대해서 토론해 보라(마4:1~11).

9. 유혹을 이기는 또 다른 방법(두 번째 방법)은 요셉의 이야기(창39:7~18)에서 발견할 수 있다. 유혹을 이기기 위해서는 평소의 삶이 어떠해야 하는지 살펴보라(9절). 당신에게 이것을 방해하는 것들은 무엇이 있는가?

10. 요셉은 유혹이라는 도전을 받을 때 실제적으로 어떻게 반응하였는가?(창39:10~12, 세 번째 방법) 당신은 과연 유혹이 닥쳐올 때 요셉과 같이 할 수 있겠는가? 없다면 그 이유는 무엇인가?

|다짐하기|

11. 당신을 넘어뜨릴 수 있는 유혹들이 당신 주위에 많이 있다. 당신의 삶의 영역 속에서 당신을 넘어지게 하는 것들을 구체적으로 점검하고 적는 시간을 가지라.

12. 오늘 유혹을 이기는 방법을 암송하여 둘씩 짝을 이루어 점검하고, 구체적으로 유혹을 이기기 위해 이번 주에 할 수 있는 실천적인 다짐들을 짝에게 나눈 뒤 짝은 모두에게 그를 대신해 발표하고 기도를 부탁하라.

|관점얻기|

유혹의 아름다운 얼굴

창세기 3장 1절의 "간교하다"는 말은 '긍정적으로 영리하고 신중하며 아름답다'는 뜻을 가지고 있다. 창조물 중에서도 아름다운 뱀 속에 사단이 들어간 것이다. 유혹은 항상 우리 옆에 아름다운 모습을 하고 있다. 뱀은 하와가 하나님의 절대 권력에 불만을 갖도록 마음의 틈을 공략한다("정말 모든 나무의 실과를 먹지 말라고 하더냐"). 유혹은 아름다움의 옷을 입고, 전혀 의심할 수 없는 모습으로 찾아와 절망과 죽음의 자리로 우리를 내몬다. 사단은 심지어 하나님의 말씀을 가지고 유혹하기도 한다. 말씀을 정확히 알지 못하는 것은 사단이 가장 좋아하는 틈이다.

유혹의 목적

사단의 유혹의 궁극적인 목적은 우리가 말씀으로부터 멀어지게 하는 것이다. 우리가 말씀을 자주 접하지 않고 제대로 배우지 않으면 결국 말씀의 변질이 일어난다. 오늘날 젊은이들의 가장 큰 문제는 하나님의 말씀이 변질된 신앙을 가졌다는 것이다. 말씀의 변질은 성적 타락, 성공지향주의, 제자도의 배척, 자기중심적 말씀 적용 등으로 나타난다. 습관적인 죄의 정당화와 배우지 않는 신앙생활, 자신을 정확히 알지 못하는 교만 등은 말씀을 변질시키는 주요 원인이라고 할 수 있다.

유혹의 패턴

에덴동산에서 주어졌던 유혹의 패턴은 세 가지다. 육체적 유혹, 정신적 유혹, 그리고 영적 유혹. 이 말은 우리의 삶의 모든 영역에서 유혹이 찾아올 수 있다는 말이다. 신약에 와서 예수님은 아담이 받았던 유혹과 똑같은 유혹을 받으셨지만 승리하셨다. 유혹을 이기는 길은 오직 말씀에 대한 바른 지식과 하나님을 사랑하는 마음이다.

유혹을 이기는 길

두 번째 아담 되신 예수는 유혹을 이길 수 있는 길은 오로지 말씀뿐이라고 가르쳐 주셨다(마 4장). 두 번째 아담을 상징하는 요셉 역시 유혹을 이기는 길을 제시하고 있다. 그는 항상 하나님 앞에서 살아가는 '코람데오(Coram Deo)'의 정신을 가진 사람이었다(창 39:9). 또한 요셉은 유혹을 받지 않도록 아예 자리를 함께하지 않았고 유혹의 빌미를 모조리 제거하는 모습을 보였는데(10절), 이러한 단호한 태도가 있었기에 유혹을 과감하게 물리칠 수 있었다(12절).

|청년 자기 체크리스트|

아래의 체크리스트를 가지고 오늘 소그룹 모임에 임한 자신의 태도를 충분히 점검해 보라.

점검 사항		5	4	3	2	1
준비 및 예습	본 과를 준비하면서 충분히 예습은 하였는가					
	각 과의 분명한 목적은 알고 모임에 임했는가?					
	성령께서 나를 만지시도록 기도로 준비하였는가?					
	소그룹원들을 위해서 중보하였는가?					
	리더를 위해서 중보하였는가?					
	나를 변화시키실 하나님을 기대하는 마음으로 임했는가?					
참여 및 자세	적극적으로 질문과 대답에 참여했는가?					
	정직하게 자신을 오픈했는가?					
	지체들의 발표에 사랑하는 마음으로 공감적 경청을 하였는가?					
	모임 중 성령의 인도하심을 계속적으로 기도했는가?					
	하나님께서 원하시는 것이 무엇인지 분명히 알았는가?					
	발견된 진리를 삶과 인격에 적용하기로 결단했는가?					
	이번주에 중보할 지체를 발견했는가?					
적용 및 결단	삶과 인격 변화를 위한 이번주 자신의 적용은 구체적인가?					
	배운 내용이 삶의 상황에 분명히 적용되었는가?					
	소그룹 모임에 대한 만족감이 있었는가?					
	배운 내용을 분명하게 정리했는가?					
	이번 과의 주제와 목적을 분명히 알게 되었는가?					
	삶과 인격의 변화를 위해 기도할 준비가 되어 있는가?					
평가	이번주 총점					

"그러므로 내 사랑하는 형제들아 견실하며 흔들리지 말고 항상 주의 일에 더욱 힘쓰는 자들이 되라 이는 너희 수고가 주 안에서 헛되지 않은 줄 앎이라" (고전 15:58)

- 이번주 생일자는?
- 다음주 청년부 행사는?
- 이번 달 암송 구절과 필독서는?
- 이번주 소그룹 특이 사항은?
- 다음주 전도할 대상은?

4과
예배의 다른 이름, 삶!

예배(4:1~26)

탄력 있는 영혼

바람은 눈에 보이지 않지만 '있음의 실존'을 반증하는 하나님의 증인이요 고고한 것들을 넘어뜨림으로 겸손의 덕이 얼마나 중요한지를 깨닫게 한다. 바람이 부는 날 갈대는 바람에 따라 이리저리 흔들린다. 자라는 환경이나 척박한 현실을 생각해보면, 갈대는 많은 교훈을 주는 선생이다.

강직한 소나무는 태풍에 뿌리가 뽑히기도 하지만, 갈대는 아무리 강한 바람이 불어도 뿌리가 뽑히지 않는다. 그 이유는 두 가지다. 첫째는 바람에 순응하기 때문이고, 둘째는 바람이 불 때 다른 갈대들과 함께함으로써 힘을 비축하기 때문이다.

갈대는 탄력이 있다. 그래서 오래 산다. 또한 갈대들은 바람이 불면 함께 어우러져 외로운 사람들을 위로하기도 한다. 갈대에게는 언제부터 탄력이 있었을까? 물론 하나님께서 주셨을 것이다. 갈대가 멋있는 이유는 하나님께서 주신 것을 개발하고 활용하여 사람들을 위로하기 때문이다. 바람이 불 때 갈대는 탄력을 더 훈련하며, 인간이 고난의 바람 속에 어떤 자세를 취해야 하는지 가르쳐준다.

영혼에도 탄력이 있어야 한다. 이 탄력은 어떻게 생기는가? 바로 하나님과의 교제를 통해서다. 매일 아침, 하루의 첫 시간을 하나님의 말씀으로 채워보자. 밤에는 머리가 베개에 닿기 전에 무릎이 먼저 닿아 하나님을 찾으면 내 영혼에도 탄력이 생긴다.

이렇게 탄력을 키우면 고난의 바람이 불 때, 견디는 수준을 넘어 고난 속의 훈련과 승리를 보여주는 좋은 모형이 될 수 있을 것이다. 영혼은 Input과 Output의 원리만 가지고 설명하기 힘든 아주 섬세하고 복잡한 장소이다. 무조건 좋은 정보가 Input 된다고 저절로 Output이 생기지 않는다. 하나님과의 인격적인 교제를 통한 Input과 Output이 함께 할 때 영혼에 탄력이 더해질 것이다.

말씀암송 | 성령에 의한 생활(롬8장14절)

무릇 하나님의 영으로 인도함을 받는 사람은 곧 하나님의 아들이라

|다가서기|

1. 기독교를 한 번도 접해 본 적이 없는 원시인이 우리의 예배를 참관했다면 그는 예배를 무엇이라고 묘사할 것 같은가?

2. 당신이 생각하는 예배론(정의, 요소, 기준, 목적 등등)을 간단하게 친구들에게 나누어 보면서 무엇이 공통점이고 차이점인지 확인해 보라.

나의 예배론	
참예배의 정의	
참예배의 요소	
참예배의 기준	
참예배의 목적	
기 타	

|깊이보기|

3. 가인과 아벨의 예배를 비교해 보고 공통점과 차이점을 점검해 보라(창4:3~4).

	가인의 예배	아벨의 예배
공통점		
차이점		

4. 하나님은 아벨의 예배는 받으셨지만, 가인의 예배는 받지 않으신 이유는 무엇이라고 생각하는가?(7절)

5. 열납되지 못한 예배를 드린 가인은 결국 그의 삶 속에서 어떤 일을 저지르는가?(8절)

6. 하나님이 받으시는 예배를 가인과 아벨의 예배를 통해서 정리할 수 있다. 성경을 찾아 하나님이 열납하시는 예배는 어떤 것인지 정확히 확인해 정리해 보라

① 창4:4, 출13:2 - □□의 되어진 예배

② 창4:4, 히11:4 - □의를 덮는 예배

③ 창4:7, 약2:14 - □의을 드리는 예배

7. 예배의 가장 중요한 기준은 바로 열납됨이다. 열납되지 않는 예배는 예배가 아니기 때문이다. 당신의 예배는 열납되는 예배인가? 열납 되지 않고 있다고 생각된다면 그 이유는 무엇이라고 생각하는가? 구체적으로 나누어 보라.

8. 가인의 예배와 삶을 통해서 우리가 깨달을 수 있는 것이 무엇인가? 당신의 삶에 이런 경험이 있는지 나누어 보라.

9. 창세기 4장 16절부터는 가인과 아벨의 후손들의 삶에 대해 소개하고 있다. 가인의 후손들(16~24절)과 아벨의 후손들(25~26절)의 삶의 태도의 가장 중요한 차이점은 무엇이라고 소개하고 있는가?

|다짐하기|

10. 예수 믿는 사람의 예배와 삶의 가장 중요한 공통점은 "주의 이름을 부르는 것"이다(26절). 주의 이름을 부르는 예배, 그리고 주의 이름을 부르는 삶이란 어떤 것인지 서로 심도 있게 나누어 보자(참고, 삼상17:45, 느1:11, 단9:19, 행2:21, 계15:4).

11. 당신의 예배와 삶이 하나님께 열납되기 위해서 당신이 해야 할 일 세 가지를 구체적으로 정해서 지체들에게 나누어 보라.

|관점얻기|

왜 열납되는 예배가 중요한가?

예배를 잘못 드리면 우리도 가인처럼 삶이 망가질 수 있기 때문이다. 왜 가인이 아벨을 살인했는가? 그의 예배가 거절당했기 때문이다. 예배가 실패할 때 인간은 죄를 향해 질주하게 된다. 그렇다면 왜 가인의 예배는 거절당했을까? 그의 삶에 악이 있었기 때문이다. 예배는 자신을 변화시키는 것이다.

하지만 가인은 변할 마음이 없었고 그는 하나님의 요구를 거절했다. 그렇기 때문에 사실은 하나님이 가인을 거절하신 것이 아니라, 가인이 하나님을 거절한 것이다. 우리는 예배를 통해서 하나님을 만나고 변화되지 못하면, 분노와 좌절로 인해 죄를 향해 질주할 수밖에 없다.

열납되지 않는 예배를 드리면 우리의 삶은 끝난 것이나 다름없다. 그래서 사단은 우리의 죄를 이용해 열납되는 예배를 방해한다. 그러므로 우리는 하나님의 이름을 불러 그분의 긍휼 하심을 구하고, 인자하심을 구해야 한다.

열납되는 예배의 세 가지 조건

구별된 예배

가인과 아벨이 드렸던 예배는 속죄제라기 보다는 감사제의 의미가 크다. 하지만 가인과 아벨의 감사의 의미는 각각 달랐다. 가인의 예배는 선조들을 따라하는 일반적인 종교성의 감사 제사였다면, 아벨의 예배는 첫 새끼(복수로 여러 마리 중의 첫 새끼를 의미)를 드림으로 모든 것이 하나님의 것임을 인정하는 예배였다.

출애굽기 13장 2절에는, "이스라엘 자손 중에서 사람이나 짐승을 막론하고 태에서 처음 난 모든 것은 다 거룩히 구별하여 내게 돌리라 이는 내 것이니라 하시니라"라는 말씀이 있다. 내게 주어진 모든 것이 하나님의 것이라는 신앙 고백이 없는 드림은 진정한 드림이 아니라 기부에 불과할 뿐이다.

죄를 덮는 예배

히브리서 11장 4절은 "믿음으로 아벨은 가인보다 더 나은 제사를 하나님께 드림으로 의로운 자라 하시는 증거를 얻었으니 하나님이 그 예물에 대하여 증언하심이라."라고 기록하고 있다.

아벨은 죄를 가지고는 하나님께 나아갈 수 없다는 사실을 알았다. 그래서 그는 양을 잡아 그 피와 기름으로 자기 죄를 가리고 여호와 하나님 앞에 나아갔다.

아벨의 제사에는 '나는 하나님 앞에 쫓겨난 버림받은 죄인입니다. 하나님의 긍휼이 없이는 살 수 없습니다'라는 고백이 들어 있었던 것이다. 예배란 예수 그리스도의 보혈을 의지하지 않고는 어떤 방법으로도 하나님 앞에 나아갈 수 없다는 것을 아는 것으로부터 출발한다.

삶이 드려지는 예배

하나님은 아벨과 그의 제물은 받으셨으나, 가인과 그의 제물은 받지 않으셨다. 이 말은 가인의 삶이 예배로 드려질 수 없었다는 것을 의미한다. 그래서 하나님은 직접적으로 가인에게 선을 행하라고 말씀하셨다(7절).

고린도후서 8장에 보면, 마게도냐 교인들이 예루살렘 지역에 기근이 들어 그 지역의 성도들이 고생한다는 소식을 듣고, 자기들도 어렵지만 최선을 다해 헌금을 하는 모습이 나온다. 그러자 바울은 그들의 모습을 보고 "저희가 먼저 자신을 주께 드리고 또 하나님 뜻을 좇아 우리에게 주었도다(고후8:5)"라고 칭찬한다.

하나님은 우리의 삶을 받으시는 것을 기뻐하신다. 혹시 삶을 드리는 것에 실패해서 예배가 열납되지 않을 것 같아 두려운가?

그렇다면 예배부터 시작하라. 하나님의 긍휼을 구하는 예배를 드리면 삶의 변화가 시작될 것이다.

예배와 삶을 드리는 데에 있어 공통적인 조건은 그분의 긍휼 하심을 구해야 한다는 것이다. 다시 말해, 주의 이름을 부르는 예배와 삶이 되어야 한다.

|청년 자기 체크리스트|

아래의 체크리스트를 가지고 오늘 소그룹 모임에 임한 자신의 태도를 충분히 점검해 보라.

점검 사항		5	4	3	2	1
준비 및 예습	본 과를 준비하면서 충분히 예습은 하였는가					
	각 과의 분명한 목적은 알고 모임에 임했는가?					
	성령께서 나를 만지시도록 기도로 준비하였는가?					
	소그룹원들을 위해서 중보하였는가?					
	리더를 위해서 중보하였는가?					
	나를 변화시키실 하나님을 기대하는 마음으로 임했는가?					
참여 및 자세	적극적으로 질문과 대답에 참여했는가?					
	정직하게 자신을 오픈했는가?					
	지체들의 발표에 사랑하는 마음으로 공감적 경청을 하였는가?					
	모임 중 성령의 인도하심을 계속적으로 기도했는가?					
	하나님께서 원하시는 것이 무엇인지 분명히 알았는가?					
	발견된 진리를 삶과 인격에 적용하기로 결단했는가?					
	이번주에 중보할 지체를 발견했는가?					
적용 및 결단	삶과 인격 변화를 위한 이번주 자신의 적용은 구체적인가?					
	배운 내용이 삶의 상황에 분명히 적용되었는가?					
	소그룹 모임에 대한 만족감이 있었는가?					
	배운 내용을 분명하게 정리했는가?					
	이번 과의 주제와 목적을 분명히 알게 되었는가?					
	삶과 인격의 변화를 위해 기도할 준비가 되어 있는가?					
평가	이번주 총점					

"그러므로 내 사랑하는 형제들아 견실하며 흔들리지 말고 항상 주의 일에 더욱 힘쓰는 자들이 되라 이는 너희 수고가 주 안에서 헛되지 않은 줄 앎이라" (고전 15:58)

- 이번주 생일자는?
- 다음주 청년부 행사는?
- 이번 달 암송 구절과 필독서는?
- 이번주 소그룹 특이 사항은?
- 다음주 전도할 대상은?

5과

심판, 현실적인 너무나 현실적인…

심판(창6:1~8:22, 19:1~20:18)

인생을 실패하는 가장 확실한 방법

길을 지나가다 길 한구석에 앉아 있거나, 지나가는 사람들에게 돈을 요구하는 노숙자들을 보면 인생을 실패했구나 하는 생각부터 든다. 이런 생각이 드는 걸 보니 분명 인생의 실패에는 몇 가지 기준이 있나 보다. 보통 씻지 못하고 구질구질한 차림에 다 떨어진 옷을 입고 몇 개의 짐을 가지고 다녀야 한다. 이게 인생 실패의 보편적인 기준이라고 할 수 있을까? 그렇게 보기에는 우리 인생이란 게 너무 깊고 넓은 것 같다. 동기부여 전문가 커미트 루엑(Kermit Lueck)은 '인생의 실패자가 되는 가장 확실한 10가지 방법'을 이렇게 소개하고 있다.

첫째, 오늘 할 일을 내일로 미뤄라. 둘째, 의사소통을 분명하지 않게 하라. 셋째, 장점보다는 단점을 이야기하라. 넷째, 일을 대충하라. 다섯째, 목표가 없는 나그네가 되어라. 여섯째, 소극적인 사람이 되어라. 일곱째, 자기 자신을 과소평가하는 사람이 되어라. 여덟째, 늘 걱정하는 습관을 가지라. 아홉째, 일을 억지로 한다는 생각을 가지라. 열째, 인생을 대충대충 살아라.

이 글을 읽으면서 발견한 '인생의 실패자가 되는 10가지 방법'의 공통점이 있다. 그것은 바로 어떤 일이 '습관'처럼 되었을 때 나타나는 현상이라는 점이다. 인생의 실패는 습관의 문제다.

인생의 성패는 '습관'이 좌우한다. 한 번의 선택이 실패를 좌우하는 것도 아니고, 누굴 잘못 만나서 실패하는 것도 아니고 습관이다. 습관은 내가 즐거운 것에서 시작된다. 즐거움에 대한 생각이 말을 낳고, 말이 행동을 낳고, 행동이 생활을 낳고, 생활이 습관을 만든다. 만들어진 습관은 쉽게 돌이킬 수 없고, 그래서 인생은 한번 정해진 습관대로 가게 된다. 그러므로 주인의 즐거움에 참여하라는 주님의 말씀은 인생의 가장 원초적인 교훈이라고 할 수 있다. 우리의 즐거움은 무엇인지 살펴보자. 그 즐거움 속에 인생의 성패가 걸려있다.

말씀암송 | 성령에 의한 생활(롬8장14절)

무릇 하나님의 영으로 인도함을 받는 사람은 곧 하나님의 아들이라

|다가서기|

1. 당신이 현재 직면한 문제는 무엇인가? 그것은 다음 중 무엇 때문에 생긴 문제인지 적어도 3개 이상 체크해 보고 그 이유와 함께 말해 보자.

" 나의 문제는 __________입니다. 그 이유는?"

□ 사랑이 없어서	□ 종말을 몰라서	□ 죄를 지어서
□ 돈이 없어	□ 인간관계를 잘못해서	□ 공부를 못해서
□ 머리가 나빠서	□ 실수를 해서	□ 말을 잘못해서
□ 부모를 잘못 만나서	□ 상황이 나빠서	□ 믿음이 없어서
□ 이유가 없어	□ 복이 없어서	□ 깨달음이 없어서

2. 인류의 역사에는 반드시 종말이 있다는 사실을 아는 것과 믿는 것은 다르다. 당신은 어느 쪽인지, 그렇게 생각하는 이유는 무엇인지 나누어 보자.

|깊이보기|

3. 창세기 6장은 사람의 죄악이 가득하여 하나님께서 드디어 심판을 작정하시는 장면이다. 본문을 살피면서 하나님의 심판이 무엇 때문에 임하게 되었는지를 찾으라.

① 2절, 창4장10절 – 의인의 □□가 사라질 때

② 4절 – 삶의 □□□□이 바뀔 때

③ 5절 – 사람들의 마음의 □□이 항상 악을 도모할 때

4. 소돔과 고모라의 심판 역시 노아 홍수의 시대와 비슷한 증상을 띤다. 그것이 무엇인지 점검해 보라(창19:4~11).

① 4,5절 – 악인의 □□□

② 7,8절 – 의인의 □□

5. 예수님은 마24장37~39절에서 이 땅의 심판의 때는 노아의 홍수의 때와 같을 것이라고 말씀하셨다. 마태복음에서 말하는 노아의 때는 어떤 특성을 가지고 있는지 정리해 보라.

6. 심판의 때는 사람들이 명백한 죄는 아니지만, 자신의 삶에 매몰되어 현실적인 삶에만 집착하여 살아가는 삶의 특징을 가진다고 말한다. 당신의 삶 속에도 3,4번에서 말하는 이런 요소들이 있는지 점검하고 나누라.

7. 성경은 이런 감각 없는 삶을 조심하라고 말씀한다. 특별히 어떤 것들을 조심하라고 말하고 있는가?(눅21:34)

8. 노아의 방주는 심판을 어떻게 준비해야 하는지 중요한 힌트를 주고 있다. 구체적으로 그것들은 어떤 것인지 확인해 보라.

① 창세기 6장14절 – 구원은 철저하게 하나님의 □□ 대로 해야 한다

② 창세기 6장21절 – □□ 을 준비해야 한다.

③ 창세기 7장1절 – 방주로 □□□□ 한다.

9. 롯의 구원을 보면 심판 때에 의인을 구원하는 중요한 원칙 하나를 발견할 수 있다. 그것은 무엇인가?(창19:22)

10. 당신은 심판을 어떻게 준비하고 있는가? 성경이 말하는 준비 방법과 얼마나 다른가? 그 이유는 무엇이라고 생각하는가?

|다짐하기|

11. 당신은 심판의 때에 반드시 구원받을 것을 믿는가? 그렇게 생각하는 근거는 무엇인지 변론하는 시간을 가져보라.

12. 심판을 준비하기 위해서 당신이 구체적으로 시정해야 할 삶의 방식은 어떤 것이 있는지 생각해 보고, 정리한 후 발표하라.

|관점얻기|

언제 심판이 임하는가?

첫 번째는 의인의 기도가 사라질 때다. 2절에서 말하는 하나님의 아들들은 아벨의 후손들을 말하는 경건한 의인들로서, 홍수는 그들의 중보기도가 사라질 때 임했다.

두 번째는 삶의 가치 기준이 바뀔 때다. 4절에 등장하는 '네피림'은 사람들을 쳐서 죽이고 명성을 얻은 고대의 영웅들이다. 삶의 가치 기준이 말씀이 아닌 다른 것으로 대치될 때 세상은 심판을 맞이하게 된다. 말씀보다 앞세우는 것이 있는 삶은 늘 심판을 연상케 하는 불안한 삶이다.

세 번째는 사람들의 마음의 생각이 항상 악을 도모하기 시작할 때이다(5절). 하나님이 한탄하시고 근심하시는 것은 사람들의 마음이다. 겉으로 드러난 죄악은 마음에 있던 악이 흘러서 고인 썩은 물과 같을 뿐이다.

구원받을 자의 특징

첫째는 철저하게 하나님의 방법대로 사는 사람이다(6:14). 방주 안팎에 역청을 바르는 것은 마치 출애굽 당시 이스라엘 백성들이 죽음을 면하기 위해 문설주에 어린 양의 피를 발랐던 것과 같다.

즉 예수 그리스도의 피를 내 안과 밖에 바르는 사람만이 심판의 때에 구원을 얻을 수 있다. 이것은 사람이 자기 자신의 힘과 방법을 내려놓아야 한다는 것을 의미한다. 그래서 하나님은 노아에게 구체적인 방법을 가르쳐 주시면서 산 위에 방주를 만들도록 명하셨다.

둘째는 식량을 준비하는 사람이다(6:21). 이것은 영적인 준비를 말한다. 구원을 준비하는 사람은 평안할 때 기도하고, 말씀으로 사는 것을 습관화해야 한다. 노아가 준비한 양식은 자신만을 위한 것이 아니고 다른 사람들을 위한 것이기도 했다. 우리가 살아가는 영적인 삶의 준비는 우리뿐만 아니라 다른 구원받을 자들을 위한 것이기도 하다.

의인에 대한 하나님의 심판 원칙

롯의 구원 과정을 보면 지체하는 롯과 재촉하는 천사들의 대조적인 면을 볼 수 있다. 이 사건이 말해주는 심판의 원리는 의인이 구원받기 전에는 결코 심판이 임할 수 없다는 것이다(19:22).

하지만 우리는 삶에 대한 미련 때문에, 때로는 죄의 즐거움 때문에 시간을 지체하고 있다. 우리는 지체하지 말고 재촉하는 삶을 살아야 한다. 하나님께서는 우리를 틀림없이 구원하실 것이지만, 우리는 속히 그 죄로부터 돌아서야 하는 것이다. 세상과 죄의 즐거움에 대한 미련은 결국 우리의 인생을 파멸로 몰고 갈 수도 있는 심각한 위험 요소라는 것을 알아야 한다.

|청년 자기 체크리스트|

아래의 체크리스트를 가지고 오늘 소그룹 모임에 임한 자신의 태도를 충분히 점검해 보라.

점검 사항		5	4	3	2	1
준비 및 예습	본 과를 준비하면서 충분히 예습은 하였는가					
	각 과의 분명한 목적은 알고 모임에 임했는가?					
	성령께서 나를 만지시도록 기도로 준비하였는가?					
	소그룹원들을 위해서 중보하였는가?					
	리더를 위해서 중보하였는가?					
	나를 변화시키실 하나님을 기대하는 마음으로 임했는가?					
참여 및 자세	적극적으로 질문과 대답에 참여했는가?					
	정직하게 자신을 오픈했는가?					
	지체들의 발표에 사랑하는 마음으로 공감적 경청을 하였는가?					
	모임 중 성령의 인도하심을 계속적으로 기도했는가?					
	하나님께서 원하시는 것이 무엇인지 분명히 알았는가?					
	발견된 진리를 삶과 인격에 적용하기로 결단했는가?					
	이번주에 중보할 지체를 발견했는가?					
적용 및 결단	삶과 인격 변화를 위한 이번주 자신의 적용은 구체적인가?					
	배운 내용이 삶의 상황에 분명히 적용되었는가?					
	소그룹 모임에 대한 만족감이 있었는가?					
	배운 내용을 분명하게 정리했는가?					
	이번 과의 주제와 목적을 분명히 알게 되었는가?					
	삶과 인격의 변화를 위해 기도할 준비가 되어 있는가?					
평가	이번주 총점					

"그러므로 내 사랑하는 형제들아 견실하며 흔들리지 말고 항상 주의 일에 더욱 힘쓰는 자들이 되라 이는 너희 수고가 주 안에서 헛되지 않은 줄 앎이라" (고전 15:58)

- 이번주 생일자는?
- 다음주 청년부 행사는?
- 이번 달 암송 구절과 필독서는?
- 이번주 소그룹 특이 사항은?
- 다음주 전도할 대상은?

6과
문화 패러다임의 변화

문화(창11:1~26)

물과 인생

인도네시아를 여행하는 중에 들었던 이야기다. 함께 했던 일행 중 인도네시아를 잘 아는 분이 나에게 이렇게 말씀하셨다.

“이 마을에 있는 저 우물은 마르는 법이 없습니다. 몇 년 전 선교를 위해서 우물을 팠는데, 아무리 가뭄이 와도 저 우물만은 마르지 않는다는 소문이 나서 전도가 잘 되었다고 합니다. 그런데 놀라운 것은 교회가 옮기면 우물도 말라버린다는 것입니다. 교회가 핍박을 받고 옮겨져서 그곳에서 다시 우물을 파면 여지없이 물이 나온다고 합니다.”

나는 이 이야기를 들으면서 모슬렘의 핍박 속에 교회를 세우시는 방법으로 하나님께서 저 샘과 물을 사용하시는구나 하는 생각을 했다.

가뭄이 나든 홍수가 나든 필요한 것은 물이다. 생물학적으로도 물은 우리 몸의 70%나 차지한다. 물이 우리의 안과 밖을 가득 채우고 있다. 성경을 봐도 우리 인생과 불가분의 관계에 있는 물이 갖는 영적인 의미는 지대하다.

출애굽 백성들은 홍해를 건너 가나안으로 갔다. 그들은 회개하고 물로 세례를 받아 믿음의 사람이 되었다. 주님은 수도 없이 우리에게 당신을 생수라고 말씀하셨다. 그러므로 사람들이 나를 ‘물로 볼 때’ 그것은 나를 좋은 사람으로 본 것이다. 우리는 물이 되어야 한다. 외로운 사람에게 사랑을 주고, 꿈을 이루기 위해서 노력하는 사람을 격려하는 것은 사람에게 심리적으로 필요한 물이다. 육체적으로 몸에 물이 부족하면 사람이 죽는 것처럼, 정신적으로도 사랑과 격려라는 물이 없으면 사람은 마르게 된다. 우리에게 영적인 생수이신 예수 그리스도가 없으면 갈증과 답답함을 느끼는 것처럼 말이다.

사람은 물과 함께 살아왔다. 물로 인해 살았고 물을 담고 살았다. 사람은 물처럼 살아야 한다. 물은 늘 낮은 곳을 향하고, 막히면 찰 때까지 기다리고, 길이 막혀 있으면 멀리 돌아가기도 한다. 물의 끝을 보라. 흘러가버린 물은 시간의 소중함을 가르치고, 여기저기서 모인 물은 장엄한 바다를 이루어 하나님의 위대하심을 찬양한다. 그리고 그 물은 다시 하늘로 올라가 비가 되어 우리를 찾는다. 그리고 땅속 낮은 곳, 어두운 곳을 향해 그곳에서 생명을 움트게 한다. 정말 물처럼 살고 싶다.

말씀암송 | 성령에 의한 생활(롬8장14절)

무릇 하나님의 영으로 인도함을 받는 사람은 곧 하나님의 아들이라

|다가서기|

1. 우리는 모두 나를 기분 좋게 해주는 말 듣기를 좋아한다. 당신에게는 이런 말들이 어떤 것이 있는가? 아래 열거된 것들 중에 하나를 택하고 왜 그것을 골랐는지 말해 보라. 그리고 그것을 듣는 다른 소그룹원들은 그가 듣기 원하는 말을 해 주면 된다. 그 말을 들은 당신의 기분이 어떠했는지 말해 주라.

"나를 기분 좋게 하는 말은 이런 것입니다!"

□ 나의 외모에 대해서 칭찬하는 말

□ 내가 얼마나 인격적인지를 칭찬하는 말

□ 내 말이 누군가에게 감동적이었다고 말해 주는 것

□ 나의 능력이 얼마나 대단한지를 말해 주는 것

□ 내 감정에 대해서 섬세하게 알아주는 말

□ 나를 무지 무지 사랑한다고 고백하는 말

□ 나를 보면 즐거워진다고 고백하는 말

□ 미래에 앞으로 큰일을 하겠다고 말해 주는 것

□ 당신은 나의 이상형입니다 라는 말

2. 당신이 생각하는 '문화'란 좋은 것인가 나쁜 것인가? 그렇게 생각하는 이유는 무엇인가?

|깊이보기|

3. 노아의 후손들은 아라랏산으로부터 조금씩 동쪽으로 이주해 오다가 시날 평지에 이르러 획기적인 것을 발견하게 된다. 그것이 무엇인가? 왜 그것이 그들에게는 획기적인 것이라고 생각하는가?(창11장1~3절)

4. 그들의 획기적인 발견은 축복이 될 수도 있었고 저주가 될 수 있었지만, 결국 저주가 된다. 그 이유가 무엇이라고 생각하는가?(4절)

5. 4절에서 말하는 그들의 생각이 왜 잘못되었는가? 또 그렇게 생각하게 된 이유가 무엇이라고 생각하는가? 바르게 반응했다면 어떻게 반응해야 한다고 생각하는가?

6. 우리는 때때로 우리 인생의 귀한 것을 발견하고 얻게 되었을 때 그것으로 하나님께 영광을 돌리기보다는 잘못된 방향으로 사용하는 경우가 있다. 당신에게는 그런 경험이 있었다면 상세하게 그 상황과 결과에 대해서 나누어 보라.

7. 이들의 생각에 대한 하나님의 평가는 어떤 것이었나?(6~8)

8. 바벨탑은 인류 최초로 발명한 문화라고 할 수 있다. 그 문화는 좋은 것일 수도 있었지만, 그들의 잘못된 생각으로 저주의 원인이 된다. 오늘날 우리의 삶 속에 잘 사용할 수도 있

는 것을 잘못 사용하고 있는 문화는 없는지 생각해 보라.

9. 당신이 생각하는 오늘날의 문화 회복은 어떤 방법으로 가능하다고 생각하는가? 당신이 생각하는 '문화의 회복'은 어떤 것인지 토의해 보라.

10. 바벨탑의 결과로 그들은 언어가 혼잡해졌으며, 온 지면에 흩어짐을 당하고 말았다. 당신 생각에 이것은 저주인가 축복인가?

11. 역사적으로 문화의 회복을 상징하는 사건이 딱 한 번 있었다(물론 그 상징은 문화를 포함한 인류 역사 전반의 회복이다). 그 사건이 무엇인가? 당신은 어떤 방법으로 문화가 회복될 수 있다고 생각하는가?(행2:1~4)

|다짐하기|

12. 당신이 누리고 있는 문화 중에서 하나님을 섬기고, 건강한 영적 삶을 영위하는데 방해하는 것들이 무엇인지 면밀히 점검하여 지체들과 나누라.

13. 이 시대의 문화가 진정으로 하나님을 섬기는 것이 되도록 회복하기 위해서 우리가 우리 삶 속에서 작지만 구체적으로 시행할 수 있는 일이 어떤 것이 있는지 서로 나누어 보라.

|관점얻기|

바벨탑 이해하기

노아 홍수 이후 그들의 후손들은 아라랏 산의 동쪽으로 이주했고 시날 평지에서 벽돌과 역청을 발견하게 된다. 이전까지는 돌에 진흙을 발라 집을 지었지만, 벽돌과 역청을 발견한 이후로는 벽돌로 집을 지을 수 있게 된 것이다. 뿐만 아니라 시날 평지의 역청이 방수제의 역할을 했기 때문에, 그들은 높이 단을 쌓으면 또다시 노아 때의 홍수와 같은 심판으로 멸망하지 않을 것이라고 생각했다. 바벨탑은 그들이 획기적으로 고안한 새로운 삶의 방식, 새로운 문화였다.

'바벨'이란 원래 "하늘 문 즉, 하늘에 들어가는 문"이라는 뜻이다.

하지만 아이러니컬하게도 악센트를 조금만 다르게 하면, "혼잡(혼돈)"이라는 뜻이 된다. 따라서 문화는 하늘에 들어가는 문이 될 수도 있고, 혼돈(카오스)으로 들어가는 문이 될 수도 있는 것이다.

벽돌과 역청으로 하나님을 거역하다

3절의 "서로 말하되 자 벽돌을 만들어 견고히 굽자 하고 이에 벽돌로 돌을 대신하며 역청으로 진흙을 대신하고"라는 말로 미루어 볼 때, 이는 획기적인 기술의 발전이었지 죄는 아니었다. 하지만 이 벽돌과 역청만 있으면 두 번 다시 하나님의 홍수 심판을 받아 죽지 않아도 되겠다는 생각을 하게 된 것은 패러다임의 전환이자 죄였다. 이처럼 그릇된 동기는 좋은 기술과 문화를 혼란으로 빠뜨리는 시발점이 된다.

그들은 바벨탑을 쌓으며 "성과 대를 쌓아 대 꼭대기를 하늘에 닿게 하여 우리 이름을 내고 온 지면에 흩어짐을 면하자"고 말했다.

사실 그것은 교만이라기보다는 심판에 대한 두려움에 가까웠다. 이 두려움을 가지고 올바르게 반응하지 못한 것이 바로 바벨탑 사건이다. 그들은 심판에 대한 두려움을 가지고 하나님을 잘 섬길 수도 있었지만 하나님을 거역했고, 시날 평지를 만나서 벽돌과 역청으로 하나님께 맞서는 큰 벽을 세웠다.

성령, 바벨 문화 청산의 열쇠

바벨탑을 보시던 하나님께서 강림하셨다. 그리고 하나님은 그들의 언어를 혼잡케 하여 서로 알아듣지 못하도록 하셨다. 그러자 그들은 성 쌓기를 그치고, 사방으로

흩어지게 된다. 이 하나님의 흩으심은 저주다. 이 저주로 인해 하나님의 말씀이 그의 모든 백성들에게 통하지 않게 되었다. 이것을 해결하는 유일한 방법은 각 사람 위에 성령이 임하는 것이다. 하지만 일면 축복이기도 하다. 흩어 놓았기 때문에 인류 전체가 한꺼번에 멸망하지 않는 것이다.

문화의 회복은 그 문화가 하나님을 섬기는 것, 하늘로 통하는 문의 역할을 하는 것에서부터 시작한다. 이를 위한 유일한 방법은 모든 사람들이 예수 그리스도를 주로 시인하게 해서 모든 문화를 그에게 굴복시키는 것이다. 문화의 회복은 그 문화가 하나님을 높이는 것이 되게 하는 것이다.

|청년 자기 체크리스트|

아래의 체크리스트를 가지고 오늘 소그룹 모임에 임한 자신의 태도를 충분히 점검해 보라.

점검 사항		5	4	3	2	1
준비 및 예습	본 과를 준비하면서 충분히 예습은 하였는가					
	각 과의 분명한 목적은 알고 모임에 임했는가?					
	성령께서 나를 만지시도록 기도로 준비하였는가?					
	소그룹원들을 위해서 중보하였는가?					
	리더를 위해서 중보하였는가?					
	나를 변화시키실 하나님을 기대하는 마음으로 임했는가?					
참여 및 자세	적극적으로 질문과 대답에 참여했는가?					
	정직하게 자신을 오픈했는가?					
	지체들의 발표에 사랑하는 마음으로 공감적 경청을 하였는가?					
	모임 중 성령의 인도하심을 계속적으로 기도했는가?					
	하나님께서 원하시는 것이 무엇인지 분명히 알았는가?					
	발견된 진리를 삶과 인격에 적용하기로 결단했는가?					
	이번주에 중보할 지체를 발견했는가?					
적용 및 결단	삶과 인격 변화를 위한 이번주 자신의 적용은 구체적인가?					
	배운 내용이 삶의 상황에 분명히 적용되었는가?					
	소그룹 모임에 대한 만족감이 있었는가?					
	배운 내용을 분명하게 정리했는가?					
	이번 과의 주제와 목적을 분명히 알게 되었는가?					
	삶과 인격의 변화를 위해 기도할 준비가 되어 있는가?					
평가	이번주 총점					

"그러므로 내 사랑하는 형제들아 견실하며 흔들리지 말고 항상 주의 일에 더욱 힘쓰는 자들이 되라 이는 너희 수고가 주 안에서 헛되지 않은 줄 앎이라" (고전 15:58)

- 이번주 생일자는?
- 다음주 청년부 행사는?
- 이번 달 암송 구절과 필독서는?
- 이번주 소그룹 특이 사항은?
- 다음주 전도할 대상은?

7과

Check, Check, Calling!

소명(창12:1~9, 15:1~21)

내 마음이 있는 곳

대부분 인생의 문제는 마음의 문제에서 온다. 마음 상한 것이 문제고, 마음이 가지 않는 것이 문제고, 마음이 하나 되지 않는 것이 문제다. 마음의 문제는 그 마음이 어디에 있는지를 알아야 풀릴 수 있다.

켄 가이어(Ken Gire)는「영혼의 창(Window of the soul)」이라는 그의 책에서 '눈물을 따라가면 거기 내 마음이 있다는 사실을 눈물을 통해 배웠다.'라고 말했다. 내가 어떤 사람인지, 진정 내 문제가 무엇인지를 확인하는 길은 내 눈물을 따라 거슬러 올라가 보는 것뿐이다. 인생을 살면서 눈물 한 번 흘려보지 못하고, 내 눈물의 의미가 무엇인지도 생각해 보지 못한 사람은 아직 자신의 영혼과 진정으로 직면해 보지 못한 사람일 것이다.

눈물을 따라가면 그곳에 내 마음이 있다. 보통 눈물에는 슬픔과 외로움, 실패와 거절감이 섞여 있지만, 흐르고 흐르는 그 눈물의 마지막 샘에는 용서와 사랑이 있고 새로운 용기와 삶의 활력이 있다.

그러므로 이 세상의 모든 문제는 눈물을 통해 내면의 실체와 직면해서 자신을 알고, 눈물을 따라 다시 한 번 용기와 새 힘을 얻게 되면서 해결된다. 눈물은 슬픔을 표현하는 방식을 넘어, 내 마음이 있는 곳을 가르쳐 주는 이정표이자 인생의 모든 문제를 푸는 열쇠가 된다.

인생은 눈물과 같이 흘러간다. 내 눈물에서 시작된 묵상은 기어이 나의 생수 되신 주 예수 앞에 무릎을 꿇고 하염없이 눈물짓게 한다. 눈물이 있는 곳에 그분의 마음도 있다.

말씀암송 | 믿음에 의한 생활(고후5장7절)

이는 우리가 믿음으로 행하고 보는 것으로 행하지 아니함이로라

|다가서기|

1. 어떤 신학자는 '생각하지 않는 것이 죄'라고 했다. 우리 일상생활 속에는 우리를 행복하게 하는 요소들이 많이 있다. 우리의 소그룹 안에도 평상시에는 잘 모르지만, 생각해보면 참 고맙고 소중한 존재들이 있다. 이제 소그룹 안에 있는 그 사람을 생각하면서 아래에 있는 것들이나 다른 것들 중에 하나를 선택해서 왜 그렇게 생각했는지 이야기해 보자.

예) "저는 늘 분위기를 밝게 해 주는 아무개 형제를 생각하면서 전구를 생각했 어요. 늘 그 친구가 있으면 분위기가 밝아져요."

청소기

시계

물걸레

클립

페인트

모닥불

드라이기

펜치

소파

망원경

안전핀

시계

2. 소명(召命)이 무엇이라고 생각하는가? 당신은 그리스도인으로서 하나님의 소명을 받았는가?

|깊이보기|

3. 하나님께서 아브람을 불러내실 때 그에게 무엇을 요구하셨는가?(1절). 그것은 그에게 어떤 의미였을까?

4. 아브람을 불러내셔서 지시할 땅으로 가라고 하신 목적은 무엇인가?(2절)

5. 3절은 아브람으로 하여금 복(복덩이)이 되게 하실 계획을 설명하고 있다. 아브람이 복이 되는 방식은 어떤 것인가?(3절)

6. 아브람의 인생이 가치 있는 인생이 된 것은 75세부터이다. 그 이유는 무엇이라고 생각하는가?(4절)

7. 당신은 지금까지의 인생을 가치 있는 인생이라고 생각하는가? 그렇지 못하다면 그 이유는 무엇이라고 생각하는가?

8. 아브람은 하나님께 소명을 받았지만 어디로 가야 할지 몰랐다(히11:8). 하지만 소명 받은 자로서 어떻게 살아야 할지는 분명하게 말씀하셨다. 예수 믿는 사람은 모두 소명을 받은 자이다. 소명 받은 자에게 가장 중요한 것은 무엇이라고 생각하는가?(3절)

9. 당신은 현재 소명 받은 자로 살고 있는가? 그렇지 못하다면 그 이유는 무엇인가

10. 소명 받은 아브람은 어떤 사건을 통해 두려워지기 시작했다. 그 사건은 무엇인가?(14:17~24) 두려워하는 아브람에게 찾아오신 하나님께서는 그에게 무엇을 말씀하셨는가?(15:1)

11. 하나님은 다시 한 번 아브람에게 나타나셔서 당신의 소명을 확인시키신다(7절). 소명을 잃고 살아가기 쉬운 우리의 삶에 소명을 붙드는 방법은 무엇인가?(1절) 그리고 우리는 어떻게 반응해야 하는가?(12:7절,15:6절,15:11절)

① 창12장7절 :

② 창15장6절 :

③ 창15장11절 :

|다짐하기|

12. 당신은 소명 받은 자이다. 소명 받은 자는 어떻게 살아야 하는지 아브람의 이야기를 중심으로 구체적으로 생각해서 나누어 보라.

13. 때때로 살면서 당신의 소명을 망각하게 하는 두려움들은 어떤 것인가? 그런 두려움들이 있을 때 당신은 어떻게 반응해야 하는지 느낀 점을 지체에게 나누어 보라.

|관점얻기|

가치 있는 인생이 되는 시점

아브람은 75세까지 무의미하게 살았다. 하지만 그런 그에게 하나님의 말씀이 임하자 그의 인생은 가치 있는 인생으로 바뀌게 되었다(12:1~2). 하지만 그에게 임한 말씀은 축복을 전제로 한 포기의 명령이었다. 그는 어디로 가야 할지도 몰랐다. 분명한 것은 아브람이 복의 근원이 될 것이라는 말씀뿐이었다. 그것은 곧 소명 받은 자가 어떻게 살아야 하는지에 대한 말씀이었다. 예수 믿는 사람은 모두 소명 받은 자이다. 목회자든 평신도든 소명의 차이는 없다. 소명 받은 자의 삶의 중요한 핵심은 그 소명이 무엇인지 아는 것이 아니라, 소명 받은 자로서 어떻게 살아야 하는지 아는 것이다. 그 소명은 복의 근원으로 살아갈 때 비로소 드러난다.

소명자가 되는 길

하나님께서는 아브람을 복의 근원이 되게 하셨다. 그 방법은 "너를 축복하는 자에게는 내가 복을 내리고, 너를 저주하는 자에게는 내가 저주하리니 땅의 모든 족속이 너를 인하여 복을 얻는" 방식이었다. 예수 믿으면 무조건 복의 근원이 되는 것은 아니다. 복의 근원이 된다는 말은 철저하게 사람들과의 관계 속에서 해석되어야 한다. 내 삶이 칭찬받을 만해서 사람들이 나를 축복하면 나로 말미암아 그들이 복을 받게 되고, 나의 삶이 엉망이어서 사람들이 나를 욕하면 나로 말미암아 그 사람들이 저주를 받는 것이다. 이것이 복의 근원이 된다는 말의 참 의미다.

소명을 잃지 않는 길

소명 받은 자는 소명을 잃었을 때 가장 초라하다. 이 소명을 잃지 않으려면 먼저 예배하는 삶이 필요하다(12:7~8). 예배를 통해 나를 향한 하나님의 뜻이 이루어지기를 소원해야 한다. 두 번째는 하나님의 말씀 앞에 믿음으로 반응하는 삶을 살아야 한다(15:6). 행위가 아닌 믿음의 삶이 우리를 구원 얻은 소명자로 살게 한다. 하지만 노력하지 않아도 된다는 말은 아니다. 노력은 믿음의 삶에 당연히 수반되어야 하는 것임을 잊어서는 안 된다. 세 번째는 하나님이 책임지신다는 사실을 믿고 우리의 역할에 충실히 임하는 것이다. 우리가 해야 할 일은 우리의 소명에 의심이 내려앉을 때, 두려움이 내려앉을 때 그것을 쫓아내는 것이다. 끊임없는 유혹 앞에 반복적으로 하나님의 말씀을 기억하고 내 속에 소명을 이루는 일을 방해하는 것을 제거하는 작업을 해 나가야 한다(15:11).

|청년 자기 체크리스트|

아래의 체크리스트를 가지고 오늘 소그룹 모임에 임한 자신의 태도를 충분히 점검해 보라.

점검 사항		5	4	3	2	1
준비 및 예습	본 과를 준비하면서 충분히 예습은 하였는가					
	각 과의 분명한 목적은 알고 모임에 임했는가?					
	성령께서 나를 만지시도록 기도로 준비하였는가?					
	소그룹원들을 위해서 중보하였는가?					
	리더를 위해서 중보하였는가?					
	나를 변화시키실 하나님을 기대하는 마음으로 임했는가?					
참여 및 자세	적극적으로 질문과 대답에 참여했는가?					
	정직하게 자신을 오픈했는가?					
	지체들의 발표에 사랑하는 마음으로 공감적 경청을 하였는가?					
	모임 중 성령의 인도하심을 계속적으로 기도했는가?					
	하나님께서 원하시는 것이 무엇인지 분명히 알았는가?					
	발견된 진리를 삶과 인격에 적용하기로 결단했는가?					
	이번주에 중보할 지체를 발견했는가?					
적용 및 결단	삶과 인격 변화를 위한 이번주 자신의 적용은 구체적인가?					
	배운 내용이 삶의 상황에 분명히 적용되었는가?					
	소그룹 모임에 대한 만족감이 있었는가?					
	배운 내용을 분명하게 정리했는가?					
	이번 과의 주제와 목적을 분명히 알게 되었는가?					
	삶과 인격의 변화를 위해 기도할 준비가 되어 있는가?					
평가	이번주 총점					

"그러므로 내 사랑하는 형제들아 견실하며 흔들리지 말고 항상 주의 일에 더욱 힘쓰는 자들이 되라 이는 너희 수고가 주 안에서 헛되지 않은 줄 앎이라" (고전 15:58)

- 이번주 생일자는?
- 다음주 청년부 행사는?
- 이번 달 암송 구절과 필독서는?
- 이번주 소그룹 특이 사항은?
- 다음주 전도할 대상은?

8과
이별, 아! 아픈 이름이여…

이별(창13:1~18, 27:41~28:22)

놓아줌의 훈련

그릇이 채워져 있으면 다른 것을 담을 수 없다. 우선 있는 것부터 빼내야 다른 것을 담을 수 있고, 조금이라도 무언가가 남아 있는 한 깨끗하다고 말할 수 없다.
그릇을 티 하나도 없이 깨끗이 비우거나 씻었을 때 비로소 다른 것을 담을 생각을 하게 된다. 우리 집 찬장에 놓여 있는 그 수많은 그릇이 하루에도 열두 번씩 나에게 주는 교훈이다.
우리 인생도 동일하다. 내 마음속에 다른 뭔가가 가득 차 있으면 그보다 더 의미 있는 것을 담을 수 없고, 조금이라도 이전 것에 대한 미련이 남아 있다면 내 마음은 깨끗하다고 말할 수 없다.
깨끗한 마음으로 사는 것은 어찌 이리 힘든 것일까? 그것은 아직도 우리 마음속에 내 자신이 차 있고, 욕심과 자존심의 찌꺼기가 남아 있기 때문일 것이다. 그런 마음에 하나님을 담고, 형제를 담으려고 하다 보니 힘든 것일 테다.
내 맘의 그릇은 한없이 넓다. 때로는 상처가 남아 있음을 알게 되고 때로는 정욕이, 때로는 이기적인 마음, 용서하지 못하는 마음이 남아 있음을 느낀다.
세월의 깊이와 무게만큼 내 마음에도 뭔가 많이 남아 있다는 것을 발견하게 된다.
그러므로 우리는 비우는 훈련을 해야 한다. 마음에 남아 있는 찌꺼기들을 청소하면서 내가 기어이 잡고 있는 것들을 놓아 주는 훈련을 하자. 몸도 마음도 깨끗하다는 것은 찌꺼기가 남아 있지 않다는 말, 즉 미련이 없다는 말이다. 그래서 인생은 마음의 깨끗함을 위한 놓아줌의 훈련이다.

말씀암송 | 믿음에 의한 생활(고후5장7절)

이는 우리가 믿음으로 행하고 보는 것으로 행하지 아니함이로라

|다가서기|

1. 두 사람씩 짝을 지어 파트너를 정한다. 그리고 서로 등을 맞대고 앉아서 서로 번갈아 가면서 아래의 네 가지 질문을 하고 그 물음에 답을 한다.

① 어릴 때 당신이 살던 곳은 어디였습니까?

② 어릴 때 여름마다 당신이 즐겨 하던 놀이는 무엇이었습니까?

③ 지금까지 당신이 했던 일이나 역할 가운데 가장 마음에 들었던일은 무엇입니까?

④ 당신이 가장 아끼고 좋아하는 소장품은 무엇입니까?

이야기를 다 나누었다면 다시 소그룹으로 모여 앉아서 다음의 질문들에 자기 파트너가 어떻게 대답할지를 생각하여 발표해 보자.

① 만일 그(그녀)가 하루 동안의 휴가를 얻는다면, 어디서 보낼 것 같은가?

② 만일 그(그녀)의 집에 불이 났다면 그(그녀)가 제일 먼저 꺼내고 싶은 것은?

③ 그(그녀)가 가장 좋아하는 영화 장르는?

④ 그(그녀)가 만일 세계 어디나 가서 살 수 있다면 어디를 선택하겠는가?

2. 당신은 사랑하는 사람과 이별하는 아픔을 경험한 적이 있는가? 그때의 느낌과 지금의 느낌은 어떻게 다른가?

|깊이보기|

3. 아브람과 롯이 헤어진 이유가 무엇인가?(13:6~7)

4. 롯의 떠남이 아브람에게는 어떤 의미라고 생각하는가?(8 상반절, 12:1)

5. 우리 인생에 있어서 이별은 하나님을 만날 수 있는 특별한 시간이다. 그 이유는 무엇인가?(14~15) 그리고 그런 하나님께 반응한 아브람을 살피면서 우리는 어떻게 반응해야 할지 생각해 보자(18).

6. 야곱이 사랑하는 어머니 리브가를 떠나게 된 이유는 무엇인가?(27:41) 당신은 '피치 못해 떠나야 하는 이별의 아픔'을 경험한 적이 있는가? 그때의 기분은 어땠는가?

7. 야곱과 어머니의 이별은 그들의 계획과는 달리 영원한 이별이 된다. 야곱이 다시 가나안 땅으로 돌아오기 전에 어머니 리브가는 죽기 때문이다. 이런 극단의 상황 속에서 하나님께서 야곱에게 원하시는 것은 무엇이라고 생각하는가?(28:20~22)

8. 청년의 때에 사랑하는 사람과의 이별은 어떤 면에서 하나님의 도구라고 할 수 있다. 왜 그렇게 생각하는가?

9. 이별은 결국 '홀로되게 하심'이다. 이 이별의 시간을 통해 자신을 돌아보고 하나님만 의뢰하는 삶을 살도록 하기 위함이다. 당신의 삶 속에 있었던 이별을 다시 점검해 보라. 그 이별 뒤에도 하나님만 바라보는 삶을 살지 못하고 있는가? 그 이유는 무엇이라고 생각하는가?

10. 결과적으로 야곱의 이별은 고난이 아니라 훈련임을 알 수 있다. 그 이유 두 가지를 찾아보고, 자신의 삶 속에서도 이별의 아픔이 고난이 아니라 훈련이라고 고백할 수 있는지 지체들에게 나누라.

① 야곱으로 하여금 이스라엘이 되도록 하기 위한 하나님의 섭리이기 때문에

② 야곱으로 하여금 고생하게 해서 매사에 냉소적인 사람이 되도록 하기 위해서

③ 야곱으로 하여금 평생의 반려자를 만나는 기쁨을 경험하도록 하기 위해서

④ 야곱으로 하여금 독하게 살아서 돈을 많이 벌게 하려고

|다짐하기|

11. 당신의 과거의 아픈 이별의 슬픔을 재해석하는 시간을 가지라. 그리고 하나님 앞에 감사의 고백을 써보라. 그리고 할 수 있다면 상처 준 사람을 이제는 용서하는 시간을 가지라.

12. 이별의 아픔을 겪고 있는 지체를 위해서 기도하고, 앞으로 나와 지체들의 삶 속에 소모적인 이별의 아픔은 없도록 하기 위해서 어떻게 만남을 계획할지 나누어 보라.

|관점얻기|

주께서 오시는 때

자식이 없는 아브람에게 조카 롯은 자식과 같은 존재였다. 그것도 함께 여호와를 믿는 소중한 존재였다. 그래서 롯이 세상을 바라보고 뒤도 돌아보지 않고 아브람을 떠났을 때, 아브람의 마음은 아프고 힘들었을 것이다.

하지만 바로 그때 하나님께서는 아브람에게 찾아오셨다(14절).

하나님은 아브람이 하나님의 약속만을 바라고 따르며 의지하는 사람이 되길 원하셨다. 그러므로 우리에게 나가오는 모든 이별 역시 고난이 아니라 훈련이다. 그 이별의 순간에 우리는 내 생애 가장 소중한 것이 무엇인지를 깨달아 그것을 붙들고 살아가야 한다.

미움과 살인

창세기 27장 41절에서 '미워하다'라는 뜻의 히브리어 단어는 "사탐"이다. 이 동사는 원래 '싫어하다', '증오하다'는 뜻에서 시작해서 '악의를 품고 뒤쫓다', '함정에 빠뜨리다(창50:15, 욥16:9)', '학대하다', '핍박하다'는 뜻으로 그 의미가 확장되었다. 즉, '미워하다'라는 단어의 의미가 행동으로 표출되는 구체적인 악행의 의미까지도 포괄하게 된 것이다. 사람은 그 마음의 생각을 결국 행동으로 옮기게 된다는 것을 알 수 있다. 미움과 살인은 별개의 것이 아니다.

이런 의미에서 살인이란 미움을 행동으로 옮긴 것이고, 미움이란 살인을 행동으로 옮기지 않은 것일 뿐이다. 그래서 예수님께서는 "형제를 미워하는 자는 살인자(마5:21,22)"라고, "마음에 음욕을 품은 자는 음행한 자(마5:27,28)"라고 말씀하셨다. 마음의 생각은 곧 그 사람의 행동이자 인생이다. 야곱의 인생에서도 이러한 미움이 야곱과 에서, 야곱과 어머니의 이별을 불러왔다.

피치 못해 떠나는 이별과 할 수 없이 떠나보내는 이별!

야곱에게 '곧 돌아오게 될 것'이라는 어머니 리브가의 약속은 아무 의미가 없었다. 리브가는 에서의 미움을 다스리기 위해서 야곱을 외삼촌 라반의 집으로 보낸다. 하지만 생각과는 달리 그는 20년이라는 긴 세월을 외삼촌의 집에서 보내게 되었고, 결국 리브가는 사랑하는 아들 야곱을 보지 못하고 죽게 된다.

우리 삶에는 사랑하는 사람을 떠나보내야 하는 이별의 아픔도 있고, 피치 못해 떠나야 하는 이별도 있다. 하나님은 어떤 이별의 아픔도 단순한 고난으로 주시는 법이 없다. 모든 이별은 각 사람을 하나님의 사람으로 만들기 위한 훈련의 과정이다.

훈련 뒤에 숨은 위대한 계획

하나님이 허락하시는 훈련의 특징은 그 훈련 뒤에는 반드시 위대한 계획이 있다는 것이다. 사랑하는 어머니와 이별한 야곱은 장차 12지파의 조상이 되어 이스라엘로 돌아왔고, 그를 통해 믿음의 민족이 태동했다. 하지만 그 당시 그는 하나님의 원대한 계획에 적합한 인격을 갖추지 못했었다.

그래서 그에게는 하나님의 연단과 훈련이 필요했다. 이는 모세가 출애굽의 지도자가 되기 위해 40년 동안 미디안 광야에서 혹독한 훈련을 거친 것과, 다윗이 통일 왕국의 왕으로 메시아를 상징하는 인물이 되기 위해 무려 40년 이상 훈련받은 것과 일맥상통한다. 우리 역시 하나님의 나라를 유업으로 받은 사람으로서 그에 합당한 인격을 갖추기 위해 이 땅에서 수많은 이별을 통해 훈련을 받고 있는 것이다.

|청년 자기 체크리스트|

아래의 체크리스트를 가지고 오늘 소그룹 모임에 임한 자신의 태도를 충분히 점검해 보라.

점검 사항		5	4	3	2	1
준비 및 예습	본 과를 준비하면서 충분히 예습은 하였는가					
	각 과의 분명한 목적은 알고 모임에 임했는가?					
	성령께서 나를 만지시도록 기도로 준비하였는가?					
	소그룹원들을 위해서 중보하였는가?					
	리더를 위해서 중보하였는가?					
	나를 변화시키실 하나님을 기대하는 마음으로 임했는가?					
참여 및 자세	적극적으로 질문과 대답에 참여했는가?					
	정직하게 자신을 오픈했는가?					
	지체들의 발표에 사랑하는 마음으로 공감적 경청을 하였는가?					
	모임 중 성령의 인도하심을 계속적으로 기도했는가?					
	하나님께서 원하시는 것이 무엇인지 분명히 알았는가?					
	발견된 진리를 삶과 인격에 적용하기로 결단했는가?					
	이번주에 중보할 지체를 발견했는가?					
적용 및 결단	삶과 인격 변화를 위한 이번주 자신의 적용은 구체적인가?					
	배운 내용이 삶의 상황에 분명히 적용되었는가?					
	소그룹 모임에 대한 만족감이 있었는가?					
	배운 내용을 분명하게 정리했는가?					
	이번 과의 주제와 목적을 분명히 알게 되었는가?					
	삶과 인격의 변화를 위해 기도할 준비가 되어 있는가?					
평가	이번주 총점					

"그러므로 내 사랑하는 형제들아 견실하며 흔들리지 말고 항상 주의 일에 더욱 힘쓰는 자들이 되라 이는 너희 수고가 주 안에서 헛되지 않은 줄 앎이라" (고전 15:58)

- 이번주 생일자는?
- 다음주 청년부 행사는?
- 이번 달 암송 구절과 필독서는?
- 이번주 소그룹 특이 사항은?
- 다음주 전도할 대상은?

9과
인생의 핵심가치를 찾아서…

인생(창21:1~21, 25:19~34)

인생 시루

콩나물시루에 물을 부으면 물이 밑으로 다 빠져버린다. 10분만 지나도, 아니 3분만 지나도 콩나물시루에는 물이 하나도 남아있지 않은 것처럼 느껴져서 허무할 때가 많다. 하지만 하루 이틀 주는 물을 머금고 어느샌가 자라있는 콩나물을 보면, 역시 '세상에 의미 없는 일은 없구나!'라는 생각을 하게 된다.

어디 콩나물뿐이던가? 새벽녘에 내린 서리로도 풀잎은 자라고, 잠깐 내린 이슬비도 대지를 촉촉이 적시기엔 충분하다.

우리의 인생도 마찬가지다. 좋은 생각을 하나 둘 씩 받아들이다 보면 일주일도 안 가 기억 속에서 다 사라진 것 같지만, 그것은 콩나물시루에 붓는 물과 같아서 가끔 내가 이전보다 가치 있고 의미 있는 말과 행동을 하고 있다는 것을 발견하게 된다.

그래서 우리는 지금에 안주할 것이 아니라 더 나은 삶을 위해 최선을 다해야 하는 것이다. 지금의 말과 생각, 행동을 더 나은 것으로 만들려는 노력이 미래를 결정한다고 해도 과언이 아닐 것이다. 우리가 좋은 생각, 훌륭한 생각들을 많이 수용할 수 있는 인생 시루가 되었으면 좋겠다.

말씀암송 | 믿음에 의한 생활(고후5장7절)

이는 우리가 믿음으로 행하고 보는 것으로 행하지 아니함이로라

|다가서기|

1. 다음의 각 물음에 대해서 한 가지씩 선택하여 [√] 표시를 해 보라. 그런 다음 돌아가면서 서로 다른 사람이 어떤 대답을 선택했는지 맞추는 게임이다. 맞출 때마다 상금을 받게 되는데, 모든 사람의 순서가 끝난 후 자신의 금액을 합산해서 누가 가장 많은 상금을 획득했는지 비교해 보라.

천원 : 내가 애완동물을 기르는 것을 망설이는 이유는?

☐ 털이 날리기 때문　　☐ 원래 애완동물을 싫어하기 때문에

☐ 밥 주는 것이 귀찮아　　☐ 시끄럽게 짖어대기 때문에

이천원 : 내가 운전할 때 가장 싫어하는 것은?

☐ 일차로에서 천천히 가는 사람　　☐ 교통체증

☐ 끼어들기 하는 사람　　☐ 초보 운전자

삼천원 : 내가 제일 좋아하는 상점은?

☐ 옷 가게　　☐ 서점

☐ 컴퓨터 매장　　☐ 신발가게

사천원 : 내가 절대로 시도하지 않는 운동은?

☐ 번지 점프　　☐ 스쿠버 다이빙

☐ 자동차 경주　　☐ 럭비

오천원 : 내가 제일 좋아하는 색상은?

☐ 빨강　　☐ 주황　　☐ 노랑

☐ 파랑　　☐ 분홍　　☐ 초록

2. 당신의 인생에 있어서 가장 중요한 세 가지를 정해보라. 그것을 중요하게 생각한 이유는 무엇인지 나누라.

|깊이보기|

3. 창세기 21장 1절은 아브라함이 백세에 이삭을 낳을 수 있었던 이유를 반복해서 강조하고 있다. 이삭의 출생이 가능했던 가장 핵심적인 이유는 무엇인가?(1절)

4. 이삭의 출생은 예수 그리스도의 출생을 상징한다. 이삭의 출생과 예수의 출생에 있어서 먼저 선행되었던 공통점은 무엇인지 살펴보라(창21:1~2, 눅1:30~31).

5. 이 두 사건은 우리 인생의 출발이 어떠해야 함을 교훈한다. 하나님께서 우리에게 가장 주고 싶어 하시는 것이 뭐라고 생각하는가? 그 이유는 무엇인가?

6. 창세기 25장19~26절은 이삭의 두 아들 에서와 야곱이 태어나는 장면이다. 23절은 소위 말하는 예정설(Predestination)을 의미하는 것인데, 당신은 예정설에 대해서 어떻게 생각하는가?

7. 에서와 야곱의 탄생은 인생의 주도권이 우리에게 있지 않음을 보여준다. 당신의 삶의 주도권은 누가 쥐고 있다고 생각하는가? 그렇게 생각하는 이유는 무엇인가?

8. 야곱의 출생은 이삭의 기도를 통해서 이루어진다(25:21). 성경 속에서 하나님께 쓰임 받은 믿음의 사람들은 거의 대부분이 다 불임이라고 하는 불가능 속에서 잉태되어 태어난다(사라, 리브가, 라헬, 한나, 엘리사벳 등). 이것이 당신에게 시사하는 바는 무엇인가?

9. 우리의 인생이 이 세상의 삶이 전부가 아니라 내세의 삶이 있고 그곳이 우리의 본향이라고 한다면, 당신의 삶의 방식은 어떻게 바뀌어야 하겠는가?

10. 이 세상의 많은 중요한 것보다 가장 중요한 것은 영혼이다. 그러므로 어리석은 자는 자기 영혼을 위해서 아무것도 준비하지 않는 사람이다. 우리 영혼을 위해서 우리가 준비해야 할 것은 무엇이겠는가?(눅12:20~21)

|다짐하기|

11. 당신의 인생을 가치 없게 만드는 것은 어떤 것들이 있는지 상세하게 점검해서 나누어 보라.

12. 가장 가치 있는 인생이 되기 위해서 성경이 말하는 교훈(앞에서 다룬 내용)을 잘 귀담아 듣고 이를 위해 당신이 구체적으로 어떤 일을 할 수 있는지 작성해 보라.

|관점얻기|

하나님께서 우리에게 주고 싶으신 것

아브라함은 자손을 간절히 원했고 하나님께서는 그에게 이삭을 주셨다. 당시 아브라함은 백세의 할아버지로 이미 아이를 낳을 수 있는 능력을 잃은 상태였고, 사라 역시 90세 할머니였기에 생물학적으로 이들이 아이를 갖기란 불가능했다.

이런 상황에서 태어난 이삭은 처녀의 몸에서 잉태되어 성령의 능력으로 날 예수 그리스도를 상징한다. 두 사건의 공통점은 둘 다 먼저 하나님의 말씀이 주어졌다는 것이다. 이삭도 그렇고 예수님도 잉태되기 전에 천사들이 와서 말씀을 주었다. 그리고 예수는 그 말씀대로 오셨고, 말씀대로 사시다가, 말씀대로 돌아가셨다. 이삭이 탄생할 때, 하나님께서 반복적으로 두 번 강조하신 것이 있는데, 그것은 "여호와께서 그 말씀대로"(1~2절)라는 표현이다. 하나님께서 우리에게 가장 주고 싶으신 것은 기적이 아니라 말씀이다. 기적 같은 인생은 말씀을 듣고 받는 것에서부터 시작된다. 세상의 모든 위대한 일은 말씀으로부터 출발한다.

하나님은 불공평하시다?

"하나님이 누구는 구원하시고 누구는 구원하시지 않는다면 너무 불공평하신 것 아닌가?"하고 생각할 수도 있다. 하지만 이것은 인간 이성의 한계가 낳은 오해일 뿐이다. 칼빈은 '예정설은 운명론이 아니며 다만 하나님의 주권을 나타내기 위한 것이다'라고 말했다. 그러므로 인간인 우리는 불평할 수 없다.

예를 들어, 주인이 식탁에 놓여 있는 세 개의 사과 중에 어느 것을 먹는가는 주인의 마음이고 주권이다. 사과의 입장에서 주인에게 불공평하다고 말할 수 없다. 불공평의 문제가 아닌 것이다. 인간의 이성에는 한계가 있다. 신앙은 논리로 하는 설득이 아니고 믿음이다. 세상 모든 사람이 논리로 사는 것 같지만 사실은 자세히 들여다보면 믿음으로 산다. 그러므로 믿음은 논리보다 위대하다. 하나님께서 우리를 예정하셨다는 사실은 논리로 설명되는 것이 아니라 믿음으로 받아들이는 것이다.

왜 예정하셨는가?

우리의 예정됨을 발견하게 하시는 이유는 하나님의 주권을 나타내시기 위해서이다. 로마서 9장 11절 말씀은 우리가 구원받은 것은 우리의 선한 행위로가 아니라 오직 부르시는 자의 뜻으로 된 것이라고 말한다. 우리를 예정하신 이유는 내가 내 인생의 주인이 아니라, 하나님이 내 인생의 주인이심을 알게 하시기 위해서이다. 하나님은 모든 사람이 구원에 이르기를 원하신다. 하나님이 예정해 놓으셔서 구원 못 받는 사람들이 생기는 것이 아니라, 결과적으로 보니 구원을 못 받은 사람들은 부르시고 예정하시는 하나님의 뜻에 불순종했기 때문에 구원을 못 받게 되더라는 것이다. 그래서 우리는 이것을 하나님께서 예정하셨다고 밖에는 설명할 수 없는 것이다.

위대한 인물은 항상 불임!

사라도, 라헬도, 한나도, 엘리사벳도, 성경에서 중요한 인물을 낳은 어머니들은 다 공통적으로 불임이었다. 이것은 우연의 일치가 아니라 하나님이 보이실 중요한 메시지가 있었기 때문이다. 그것은 생물적인, 자연적인 출생의 과정만으로 하나님의 사람이 되는 것이 아니라는 점을 보여주기 위함이었다. 하나님의 사람은 태어나는 것이 아니라 하나님이 주신 은혜의 산물이다. 우리의 삶에 이 사실을 잘 적용해 보자.

장자명분(長子名分)을 팔 수 있는가?

성경은 에서가 배가 너무 고픈 나머지 팥죽 한 그릇에 자신의 장자 명분을 팔았다고 말한다. 이것이 과연 가능한가?

히브리서 기자는 12장 16절에서 "한 그릇 식물을 위하여 장자의 명분을 판 에서가 망령된 자"라고 정의했다. '망령되다'는 말은 '세속적으로 취급했다'는 의미다. 그렇다면 과연 에서가 가볍게 여겨 망령되이 행한 이 장자의 명분이란 무엇일까? 장자의 명분이라는 말은 첫 열매, 첫 소생이라는 의미가 강하다. 출애굽기 13장 2절을 보면, 하나님께서는 "사람이나 짐승을 막론하고 태에서 처음 난 모든 것은 다 거룩히 구별하여 내게 돌리라 이는 내 것이니라 하시니라"고 말씀하셨다. 그러므로 장자의 명분이란 바로 "하나님의 것"을 의미한다. 에서는 하나님의 것을 세속적으로 여긴 셈이 된다. 우리가 세속적으로 여기는 것 중에도 하나님의 것이 있다. 내 몸, 내 생각, 공부, 물질, 내 생명은 모두 하나님의 것이다. 그런 것들을 가치 없게, 세속적으로 여기는 것은 팥죽 한 그릇에 장자명분을 파는 것과 다르지 않다. 이 문제를 하나님께서 심각하게 다루신다는 사실을 기억하자.

하나님은 당신의 것이 세속적으로 다루어지면 다시 가져가신다.

누가복음 12장에 등장하는 어리석은 부자가 돈을 많이 벌어 자기 영혼을 만족케 하며 살기로 결심한 날, 하나님께서는 '네 영혼도 내 것이다'라고 말씀하셨다. 하나님께서는 그에게 "내가 오늘 밤 네 영혼을 도로 찾으리니 그러면 네가 예비한 것이 어떻게 되겠느냐?"라고 질문하신다. 하나님은 자기 것을 반드시 도로 찾으시는 분이시다. 내 생명은 예수의 죽음으로 사신 명백한 하나님의 것이라는 사실을 잊지 말자.

|청년 자기 체크리스트|

아래의 체크리스트를 가지고 오늘 소그룹 모임에 임한 자신의 태도를 충분히 점검해 보라.

	점검 사항	5	4	3	2	1
준비 및 예습	본 과를 준비하면서 충분히 예습은 하였는가					
	각 과의 분명한 목적은 알고 모임에 임했는가?					
	성령께서 나를 만지시도록 기도로 준비하였는가?					
	소그룹원들을 위해서 중보하였는가?					
	리더를 위해서 중보하였는가?					
	나를 변화시키실 하나님을 기대하는 마음으로 임했는가?					
참여 및 자세	적극적으로 질문과 대답에 참여했는가?					
	정직하게 자신을 오픈했는가?					
	지체들의 발표에 사랑하는 마음으로 공감적 경청을 하였는가?					
	모임 중 성령의 인도하심을 계속적으로 기도했는가?					
	하나님께서 원하시는 것이 무엇인지 분명히 알았는가?					
	발견된 진리를 삶과 인격에 적용하기로 결단했는가?					
	이번주에 중보할 지체를 발견했는가?					
적용 및 결단	삶과 인격 변화를 위한 이번주 자신의 적용은 구체적인가?					
	배운 내용이 삶의 상황에 분명히 적용되었는가?					
	소그룹 모임에 대한 만족감이 있었는가?					
	배운 내용을 분명하게 정리했는가?					
	이번 과의 주제와 목적을 분명히 알게 되었는가?					
	삶과 인격의 변화를 위해 기도할 준비가 되어 있는가?					
평가	이번주 총점					

"그러므로 내 사랑하는 형제들아 견실하며 흔들리지 말고 항상 주의 일에 더욱 힘쓰는 자들이 되라 이는 너희 수고가 주 안에서 헛되지 않은 줄 앎이라" (고전 15:58)

- 이번주 생일자는?
- 다음주 청년부 행사는?
- 이번 달 암송 구절과 필독서는?
- 이번주 소그룹 특이 사항은?
- 다음주 전도할 대상은?

10과
온유한 자의 쉼, 용서!

용서(창26:12~35)

슬픈 과거를 내 앞으로 불러라

오늘을 사는 우리를 흔드는 것이 참 많이 있다. 과거의 상처와 현실에 직면한 불안, 미래에 대한 두려움 등. 그중에서도 우리의 샬롬(평안)을 빼앗는 대부분의 것 뒤에는 반드시 과거가 있다. 과거가 우리의 오늘을 흔들고 미래를 불안하게 한다. 친구관계도, 연인 관계도 심지어 부부 관계와 부모 자식 간의 관계도 과거의 어떤 것으로 인해 흔들릴 때가 많다. 과거에 매여 있는 한 오늘의 행복을 찾는 것은 힘들다. 그만큼 과거가 우리의 인생에 미치는 영향은 크다. 우리는 과거를 놓아주는 훈련을 해야 한다. 왜냐하면 우리는 오늘을 살고 있기 때문이다. 유럽의 성자라고 불리는 안젤름 그륀(Anselm Grun)은 '과거를 놓아준 만큼 우리에게 미래가 열린다'고 말했다. 과거를 자유롭게 내 기억에서 놓아주는 만큼 우리는 오늘 자유로울 수 있고 자유로운 오늘은 밝은 미래를 열어주며, 다시 밝은 미래는 곧 과거가 될 오늘을 행복하게 만들어준다. 모든 열쇠는 과거를 놓아주는 것에 달렸다. 상처받았던 그 자리로부터의 이별을 선포하고, 과거가 준 상처로부터 자유를 선포하는 것이 필요하다. 뿐만 아니라 과거의 기억 속에 있는 타인의 과거를 놓아줄 때, 비로소 우리는 현실을 직시할 수 있고 진정한 용서와 자유를 누릴 수 있다. 이제 과거와의 작별을 고할 때다. 오늘이 가기 전에 괴롭고 직면하기 싫은 과거를 불러보자. 조용히 그와 대면해서 왜 너를 자유롭게 놓아주어야 하는지에 대해서 말하자. 그리고 조용히 그를 축복하고 그 자리를 떠나자. 이것은 과거와의 영원한 작별이다.

내 기도 속에 다시금 보게 될 현명한 작별, 우리는 그 작별을 해야 한다. 과거와의 작별은 오늘과의 만남이기도 하다. 과거를 놓아 주는 것은 활기찬 만남을 약속하는 것이고, 미래에 대한 두려움이 기쁨과 기대로 바뀌는 시점이 될 것이다. 모든 부정적인 과거에 작별을 고하자.

말씀암송 | 사랑에 의한 생활(요일4장11절)

사랑하는 자들아 하나님이 이같이 우리를 사랑하셨은즉 우리도 서로 사랑하는 것이 마땅하도다

|다가서기|

1. 한 주간의 삶을 어떻게 보냈는지 소그룹원들과 함께 나누는 시간을 가지라. 아래 열거된 내용들로 일주일을 설명하기 좋게 자신의 일주일의 삶의 위치에 √ 표시를 해 보라. 그리고 돌아가면서 자신의 일주일의 삶을 나누고 왜 그렇게 생각했는지를 설명해 보자.

세상 최고의 가수	□ □ □ □ □	숨고 싶은 생쥐
화창한 봄날	□ □ □ □ □	폭풍우 치는 밤
천하를 호령하는 왕	□ □ □ □ □	수종드는 내시
지킬박사	□ □ □ □ □	하이드
뭐든 할 수 있는 백만장자	□ □ □ □ □	거지
사랑의 테레사 수녀	□ □ □ □ □	마돈나
흔들리지 않는 거목	□ □ □ □ □	흔들리는 갈대

2. 과거에 용서하지 못해서 힘들었던 적이 있으면 나누어 보라. 그 때의 사건과 감정과 용서하지 못했던 이유, 그리고 결과 등등을 솔직히 나누어 보라.

|깊이보기|

3. 하나님의 말씀에 순종하기 위해서 그랄 지방에 남은 이삭은 농사에 손을 대게 되는데, 그 해에 백배나 결실하게 되었다(12절). 그때 블레셋 사람들이 이삭에게 어떻게 반응하였는가?(14,15절)

4. 아비멜렉의 말에 이삭은 틀림없이 참을 수 없는 모멸감을 느꼈을 것이다. 하지만 어떻게 반응하는가?(16,17절)

5. 세상 사람들이 땅을 차지하는 법과 예수 믿는 사람이 땅을 차지하는 법은 다르다. 세상 사람들이 땅을 차지하는 방법(성공, 출세, 업적)은 어떤 것인가? 당신의 방법은 혹시 세상 사람과 다를 것이 없지는 않은가?(16,17절)

6. 이런 육체의 일들 가운데 이해되지 않는 부분들을 서로 질문하고 답해 주라. 이런 육체의 일을 하는 자들에게 주어지는 결과는 어떤 것인가?(21절)

7. 이삭이 이름 지은 우물을 살펴보면 이삭이 결코 아무 생각이 없는 사람이 아니라는 사실을 알 수 있다. 이삭의 마음이 어떠했을지 나누어 보라.

8. 이삭의 반응은 예수 믿는 사람이 이 땅을 어떻게 정복해 가야 하는지를 역설적으로 설명하는 것이다. 그것은 바로 용서이고 온유한 삶이다. '에섹'을 만나도 다투지 말고, '싯나'를 만나도 용서하면서 '르호봇'이 나올 때까지 나아가야 한다. 하지만 우리의 인생의 목적지는 로호봇이 아니다. 최종 목적지가 어디이며 그 의미는 무엇이라고 생각하는가?(23절)

9. 용서의 문제는 감정 정리의 문제가 아니라 삶의 방식의 문제이다. 그 삶의 방식이 무엇인가?(마 5:5) 세상에서 가장 온유한 자는 누구인가?(민12:3) 온유한 삶의 방식으로 살았던 두 사람의 공통적인 특징은 둘 다 땅을 차지했다는 것이다. 당신이 그리스도인으로 이 땅을 정복해 가는 방법은 무엇이라고 생각하는가?

10. 억울한 일을 당해도 그리스도인은 무조건 용서해야 하고, 또 그런 심적 부담을 안고 살아가야 하는 것처럼 느껴질 때가 많다. 이런 우리에게 주님은 어떻게 말씀하시는가?(마 11:29)

|다짐하기|

11. 진정한 쉼은 우리의 멍에를 내려놓고 주님의 멍에를 매는 것이다. 당신이 메고 있는 멍에는 무엇인가? 그리고 주께서 메고 계신 멍에는 무엇일지 구분해서 정리해 보라.

나의 멍에	주님의 멍에

12. 당신이 누군가를 용서해야 할 일이 있는가? 그렇다면 그 용서의 방법은 어떠해야 하는지 생각해 보고 구체적인 방법을 찾아 보자.

13. 이번 한 주간 용서할 사람과 용서받을 사람을 생각하고 직접 용서를 경험하는 시간을 가지라. 더 이상 미루지 말라.

|관점얻기|

세상이 땅을 차지하는 법

그랄 땅에서 이삭이 부자가 되자, 블레셋 사람들은 그를 시기한다. 그들은 그 땅을 차지하기 위해서 이삭에게 떠날 것을 강요한다.

15절에 '아브라함의 우물을 막고 메웠다'라는 말이 반복해서 나오는데, 이것은 상대방의 재산권을 침해하는 정도가 아니라 아예 이 땅을 떠나라는 경고와 협박이며, 이에 불복하면 전쟁까지 불사하겠다는 선전포고에 가까운 행동이다. 세상에서 땅을 소유하는 것은 성공과 번영을 의미한다. 세상에서 땅을 차지하는 것은 강한 자가 약한 자를, 빼앗는 자가 빼앗긴 자를 지배하는 방식으로 이루어진다.

그리스도인이 땅을 차지하는 법

이삭은 돈도, 명예도, 힘도 가졌지만 그것으로 땅을 차지하는데 사용하지 않았다. 창세기 20장에 보면 아브라함은 분명히 우물을 파고 암양 새끼 일곱을 주어 자기 소유를 삼은 바 있다. 그럼에도 불구하고 그들은 우물을 막고 흙으로 메워 자신의 것이라고 주장한다(15절). 가나안 땅의 기근은 아직 끝나지 않았고 애굽으로 갈 수도 없는 상황이었기 때문에 그랄 땅에 남았는데 이제는 이 땅을 떠나라는 무서운 경고를 받은 것이다. 이런 상황에서 이삭은 아무 저항 없이 떠난다.

그리고 다시 우물을 팠는데, 그들은 이 우물을 가지고 또 시비를 걸었다. 이 우물은 분명히 내 아버지의 것, 내 것인데도 불구하고 자기 것이라고 우기는 블레셋 사람들에게 이삭은 다시 아무런 대꾸도 하지 않는다. 이삭은 그 우물도 그들에게 주고 다른 우물을 팠다. 역시 그들이 쫓아와서 자기 것이라고 한다. 이삭은 역시 다투지 않았다.

또 다시 옮겨 다른 우물을 파서 물을 얻었더니 더 이상 다투지 않게 되었다. 그래서 그 우물에 "장소를 넓게 하셨으니"라는 뜻의 '르호봇'이라는 이름을 붙인다.

이것이 바로 예수 믿는 자가 땅을 차지하는 방법이며 세상을 정복하는 방법이다. 참고 인내해야 한다. 이것이 바로 온유다(온유한 자는 복이 있나니 저희가 땅을 기업으로 받을 것임이요-마 5:5). 그리스도인이 세상을 정복하는 방법은 바로 온유다. 이삭이 떠나라면 떠나고, 막으면 다른 곳을 파고, 막지 않을 때까지 에셋을 지나, 싯나를 지나, 르호봇이 나올 때까지 하나님을 믿고 참고 인내한 것이 온유다. 말씀 의지해서 계속해서 가는 것이다.

모세의 온유함

민수기 12장 3절에 보면 "이 사람 모세는 온유함이 지면의 모든 사람보다 더하더라" 라는 말이 나온다. 모세는 혈기에 못 이겨 사람을 쳐 죽인 살인자였다. 이스라엘 백성들의 우상숭배에 화가 나서 하나님께서 직접 쓰신 십계명 돌판을 집어던져 깨버린 인물이다. 하지만 성경은 그런 그를 온유한 사람이라고 말한다.

그 이유는 모세가 오랜 출애굽 여정 속에서 백성들이 수도 없이 자신을 비난하고 공격했지만 그것을 다 참아냈기 때문이다. 성경은 그런 모세의 온유함이 바로 하나님과의 관계에서 나왔다고 말한다. 모세의 선천적 기질은 급하고, 화를 잘 내는 성격이었지만 그는 하나님과의 지속적인 관계를 통해 지면에서 가장 온유한 사람이 되었다. 그러므로 온유는 선천적 기질이 아니라 후천적 기질이다. 오직 하나님과의 관계를 통해서만 얻을 수 있는 것이다.

예수님의 초대

예수께서는 "나는 마음이 온유하고 겸손하니 나의 멍에를 메고 내게 배우라 그러면 너희 마음이 쉼을 얻으리니(마 11:29)"라고 말씀하셨다. '멍에'란 소 두 마리를 함께 엮어 밭을 갈게 할 때 쓰는 것이다. 그리스도인의 멍에는 한쪽은 예수님 한쪽은 나 자신이 맨다. 그렇게 멍에를 매고 예수께 배우면 우리는 쉼을 얻게 된다.

진정한 쉼이란 멍에를 벗어두고 나무 그늘로 들어가는 것이 아니다. 진정한 쉼은 나의 멍에가 아니라 예수님의 멍에를 매는 것이다. 이 멍에는 온유하고 겸손하신 그분과 교제하는 것이다. 우리는 이렇게 진정한 쉼을 누릴 수 있다.

온유한 자의 결국

결국 이삭도 쉼을 얻는다. 르호봇에서 이제 약속의 우물이라는 브엘세바로 간다. 거기서 하나님께서는 다시 한 번 두려워하지 말라고 말씀하신다. 그곳에서 이삭은 단을 쌓고 여호와의 이름을 불렀다(25절). 이것은 자신이 이렇게 인내하며 여러 번 다른 우물을 찾아온 것이 바로 여호와 때문이라는 말이다. 내가 어리석어서 당하는 것이 아니라, 하나님을 믿기 때문에 그렇게 살아왔으며 앞으로도 그렇게 살겠다는 의미를 담고 있다. 그래서 이삭과 종들은 거기서도 우물을 팠다(25절).

결국 이삭의 믿음의 선포 이후 브엘세바는 이스라엘 민족 대대로 이스라엘 땅을 상징하는 곳이 된다. 결국 온유한 자가 땅을 차지하게 된 것이다.

온유는 용서를 포함하지 않고는 설명할 수 없는 삶의 방식이다. 우리는 에섹을 지나, 싯나를 지나, 르호봇이 나올 때까지, 그리고 결국은 브엘세바가 나올 때까지 온유와 용서의 방식으로 걸어가야 한다.

|청년 자기 체크리스트|

아래의 체크리스트를 가지고 오늘 소그룹 모임에 임한 자신의 태도를 충분히 점검해 보라.

점검 사항		5	4	3	2	1
준비 및 예습	본 과를 준비하면서 충분히 예습은 하였는가					
	각 과의 분명한 목적은 알고 모임에 임했는가?					
	성령께서 나를 만지시도록 기도로 준비하였는가?					
	소그룹원들을 위해서 중보하였는가?					
	리더를 위해서 중보하였는가?					
	나를 변화시키실 하나님을 기대하는 마음으로 임했는가?					
참여 및 자세	적극적으로 질문과 대답에 참여했는가?					
	정직하게 자신을 오픈했는가?					
	지체들의 발표에 사랑하는 마음으로 공감적 경청을 하였는가?					
	모임 중 성령의 인도하심을 계속적으로 기도했는가?					
	하나님께서 원하시는 것이 무엇인지 분명히 알았는가?					
	발견된 진리를 삶과 인격에 적용하기로 결단했는가?					
	이번주에 중보할 지체를 발견했는가?					
적용 및 결단	삶과 인격 변화를 위한 이번주 자신의 적용은 구체적인가?					
	배운 내용이 삶의 상황에 분명히 적용되었는가?					
	소그룹 모임에 대한 만족감이 있었는가?					
	배운 내용을 분명하게 정리했는가?					
	이번 과의 주제와 목적을 분명히 알게 되었는가?					
	삶과 인격의 변화를 위해 기도할 준비가 되어 있는가?					
평가	이번주 총점					

"그러므로 내 사랑하는 형제들아 견실하며 흔들리지 말고 항상 주의 일에 더욱 힘쓰는 자들이 되라 이는 너희 수고가 주 안에서 헛되지 않은 줄 앎이라" (고전 15:58)

- 이번주 생일자는?
- 다음주 청년부 행사는?
- 이번 달 암송 구절과 필독서는?
- 이번주 소그룹 특이 사항은?
- 다음주 전도할 대상은?

11과
위기 앞에 선 연약한 인생

위기(창32:1~32)

절망의 벼랑 끝에서...

파스칼이 이런 말을 했다. “자기 허물을 깨닫지 못하고 하나님을 아는 자는 자만하게 되고, 하나님을 알지 못하고 자신의 참담함만을 아는 자는 절망에 빠지게 된다.” 자만과 절망은 인간의 연약함을 드러내는 동전의 양면과 같다. 하나님을 알고도 자만한 사람이 있는가 하면, 하나님을 모르고 자만하는 사람도 있다. 자신의 참담함을 알지만 하나님을 몰라서 절망에 빠지는 사람이 있는가 하면, 자신의 참담함을 깨닫고 하나님을 알아 전적인 의탁의 자리에 나아가는 사람도 있다. 시편 기자는 시편 25편 3절에서 “주를 바라는 자들은 수치를 당하지 아니하려니와 까닭 없이 속이는 자들은 수치를 당하리이다”라고 선언했다.

이 세상은 절망하는 자든 자만하는 자든 다 수치를 당한다. 하지만 주를 바라는 자들은 수치를 당하지 않는다. 주를 바라는 것이 인간 스스로의 연약함을 이기는 유일한 방법이다.

그리스도인은 능력을 얻어서 사는 것이 아니라, 주님을 알기 때문에 그분께 삶을 의탁함으로써, 전적으로 의지함으로써 능력이 되는 삶을 살아가야 한다. 이 세상의 모든 문제와 복잡한 인생사를 헤쳐나가는 길은 오직 주를 바라는 것이다.

사람들은 절망할 때 주님을 바란다. 하지만 자만할 때는 주를 바라지 않는다. 자만이라는 것 자체가 주를 바라지 않는 이유에서 기인한 것이기 때문이다. 그렇기 때문에 절망이 나쁜 것만은 아니다.

절망은 유일한 희망이신 주님을 바라게 하는 가장 강력한 도구이다. 그러니 절망이 없이는 진정한 소망이신 하나님을 만날 수 없을지도 모른다. 그래서 하나님께서는 우리의 인생 굽이굽이에서 절망할만한 일을 만나게 하시고, 고난의 골짜기를 지나게 하시며, 벼랑 끝에 서게 하신다. 절망을 맛보고 진정한 희망을 갈망하고, 절망을 맛보고 절망에 빠진 사람들을 사랑하라고 말이다.

말씀암송 | 사랑에 의한 생활(요일4장11절)

사랑하는 자들아 하나님이 이같이 우리를 사랑하셨은즉 우리도 서로 사랑하는 것이 마땅하도다

|다가서기|

1. 오늘 날 교회들의 안타까운 특징 중에 하나는 서로 대립하고 분열되며 싸우는 모습이라고 할 수 있다. 그 이유가 무엇인지 그래프로 그 비율을 정리해 보고 소그룹원들에게 자신의 그래프를 설명해 주라.

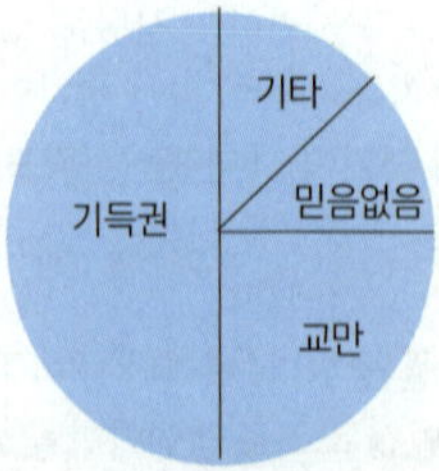

<예>

<나의 그래프>

교회의 이런 분열된 모습 때문에 세상에서 교회가 지탄(指彈)을 받는다고 해도 과언이 아닐 것이다. 이런 분열된 교회에 대해 당신의 감정은 어떤 것인지, 왜 그렇게 느끼는지 말해 보자.

슬픔 기쁨 분노 평온

2. 당신의 인생에 있어서 가장 큰 위기는 어떤 것이었는가? 그때 당신은 어떻게 그 위기를 극복했는지 나누어 보라.

|깊이보기|

3. 창세기 32장에 등장하는 사건이 야곱의 인생에 가장 위기의 순간이다. 이 위기는 구체적으로 어떤 사건인지 본문을 보고 확인해 보라(6절).

4. 야곱은 이 위기를 어떻게 극복하려고 했는지 살펴보라. 그렇게 한 이유는 무엇인가? 야곱의 이런 태도에서 우리가 생각해 보아야 하는 것은 무엇일까?(3~5,8절)

5. 이 위기 가운데 하나님은 먼저 야곱의 영안을 여셔서 하나님의 군대를 보게 하신다(1,2절). 하지만 야곱은 하나님의 군대보다 에서의 군대에 마음이 사로잡혀 두려워 떨고 있다. 그 이유는 무엇이라고 생각하는가?

6. 이런 위기의 때에 야곱의 마음은 어떠했는가?(7절 상반절) 그리고 그가 이 위기 앞에 선택한 긍정적인 방법은 무엇인가? 그 방법에 칭찬할만한 것이 있으면 찾아보라(9~12절).

7. 야곱의 상황은 하나님이 말씀하셨고(창31:13) 하나님께서 함께 하신다는 사인(Sign)도 있었지만(창31:1,2) 상황은 전혀 변화된 것이 없다. 우리 인생도 때때로 나와 함께 하신다는 약속의 말씀들을 들었지만, 상황은 전혀 변하지 않고 있는 것을 경험하게 된다. 그 이유가 어디에 있는지 야곱이 위기를 대처하는 모습을 통해 교훈을 얻어 보라(균형 잡힌 신앙이란 어떤 모습인지의 관점에서 보라).

8. 왜 하나님은 자신과 처자식의 안전을 위해서 간절하게 기도했던 야곱의 허벅지 관절을 치셨다고 생각하는가?(25절)

9. 얍복 강가에서 야곱이 하나님과 한 씨름은 우리의 인생을 대변(代辯)하는 것이다. 우리의 인생은 무엇과 무엇의 씨름이라고 말할 수 있는가? 당신은 이 말에 동의하는가?

① 나의 지혜와 하나님의 말씀

② 나의 물질과 하나님의 물질

③ 나의 얼굴과 하나님의 얼굴

10. '이스라엘'이라는 이름은 야곱에 주신 이름일 뿐만 아니라, 야곱의 자손들인 이스라엘 백성들에게도 주신 이름이며, 우리에게도 주신 이름이며 사명이다. 이 이름의 핵심은 무엇이라고 생각하는가?

① 하나님께 대항하여 겨루어 이기는 것이다.

② 하나님과 함께 함으로 사람 앞에서 능력을 드러내는 것이다.

③ 이제는 구원받은 백성으로 무조건 교회만 다니면 구원받는다는 뜻이다.

|다짐하기|

11. 하나님께서 야곱에게 '이스라엘'이라는 이름을 부여하신 것은 이제 그에 대한 통치권과 소유권이 하나님께 있음을 의미하는 것이다(28절). 벧전2장9절을 참고하여 하나님께서 우리에게 부여하신 이름은 무엇인지 확인하고 그 의미를 나누어 보라.

12. 당신이 지혜롭다면 인생의 위기는 반드시 닥친다는 사실을 진지하게 받아들이라. 그때 당신은 어떻게 할 것인지를 적고 지체들에게 나누어 보라.

13. 하나님은 우리에게 닥치는 절체절명의 위기를 우리로 하여금 균형 잡힌 신앙인이 되도록 만드는 도구로 사용하신다. 당신에게있는 지금의 고난, 위기는 무엇인가? 그것이 정말 하나님께서 당신을 성숙시키기 위해 사용하시는 도구라고 믿는가? 그 이유는 무엇인가?

|관점얻기|

아름다운 기도

야곱은 에서의 군대 소식을 듣고 답답하고 괴로운 심정으로 하나님께 기도한다(9절). 그가 부르짖은 하나님의 칭호는 "나의 조부 아브라함의 엘로힘(능력의 하나님), 나의 아버지 이삭의 여호와(언약의 하나님)"이다. 20년 전 말씀하셨던 하나님의 말씀을 상기하면서 기도하는 것이 바로 위기 가운데 최종적으로 그가 선택한 방법이다. 더 정확히 말하면 하나님께서 그렇게 하도록 몰아가셨다. 야곱의 기도의 아름다움은 그의 정직함에 있다. 야곱은 연약한 인간으로서 정직하게 "내가 주께 간구하오니 내 형의 손에서, 에서의 손에서 나를 건져 내시옵소서 내가 그를 두려워함은 그가 와서 나와 내 처자들을 칠까 겁이 나기 때문이니이다(11절)"라고 기도했다. 하나님은 정직한 자에게 완전한 지혜를 주신다.

균형 잡힌 신앙 훈련

야곱은 피하고만 싶은 에서와의 재회를 준비하면서 하나님의 약속도 받고 하나님이 함께 하신다는 사인도 봤다. 하지만 상황은 하나도 바뀐 것이 없었다. 그래서 좌절하고 심히 두려워하고 답답한 지경에 이르렀다. 야곱이 '거룩한 좌절'을 맛본 것이다. 그래서 야곱은 기도했고, 막대한 예물을 준비했다. 그는 에서를 주인으로 높이면서까지 자신을 낮추는 진정한 겸손을 보이고 용서를 구했다. 게다가 지혜롭게 예물을 전달하면서 상대방의 기분과 체면까지 헤아리는 '형제를 향한 최선의 태도'를 훈련했다. 이전에 얍복 강가에서는 목숨을 걸고 하나님께 간구하는 기도의 훈련도 했다. 결국 이런 일련의 일들을 통해 야곱은 균형 잡힌 하나님의 사람으로서 훈련되어간다. 괴롭기 때문에 낮아질 수 있었고, 두려웠기 때문에 목숨을 걸고 기도할 수 있었다. 하지만 그럼에도 불구하고 변하지 않는 상황 때문에 형제를 향해 최선을 다하는 태도까지 갖추도록 훈련받을 수 있었다. 이것이 바로 균형 잡힌 그리스도인으로서의 훈련이다.

인생은 씨름이다

왜 하나님께서는 목숨까지 걸고 자신의 상황과 처자식을 위해서 처절하게 기도

하는 가장(家長) 야곱을 학대하셨을까? 그 이유는 바로 야곱을 향한 하나님의 사랑 때문이다. 지금껏 자신의 힘과 능력을 믿고 살아온 야곱을 깨우쳐주시기 위함이었다. 태어날 때부터 발꿈치를 잡고 태어난 야곱은 '속이는 자'라는 별명을 가지고 형 에서의 장자권을 빼앗고 아버지를 속여 축복을 가로채면서 지금껏 자신의 실력으로 살았던 사람이었다.

반면에 하나님은 그가 태어나기 전부터 야곱을 축복하시겠다고 말씀하시고 약속하셨다. 그래서 야곱의 인생은 자꾸만 자신의 실력으로 살려는 야곱과 말씀으로 살게 하시려는 하나님과의 씨름이라고 말할 수 있다. 우리의 인생도 하나님의 말씀을 의지할 것인가 아니면 나의 지혜를 의지할 것인가의 기나긴 씨름이라고 할 수 있다.

간절하면 맞는다?

에서를 만나기 전날 밤까지 야곱은 자신의 지혜로 위기 상황을 해결해 보려고 했다. 하지만 그날 밤 하나님은 "어떤 사람"의 모습으로 그에게 찾아오셨다. 얍복강가의 씨름은 "자신의 능력과 하나님의 말씀이 충돌하여 밤새도록 먼지가 일어 땅에 쌓일 정도로 그렇게 격렬하게 한 씨름"이다. 이런 순간에 하나님께서는 생명의 근원이자 힘의 상징인 동시에 하나님과의 씨름에서 야곱이 버티던 힘의 근원인 환도뼈(허벅지 관절)를 치셨다. 하나님은 야곱에게 '네가 이겼다'라고 말씀하시는 것 같지만, 사실은 하나님이 이기신 씨름이었다. 하나님께서는 인간의 힘의 근원을 치심으로 하나님은 우리 인생의 씨름의 대상이 아니라, 철저하게 의지할 대상임을 보여주신 것이다.

우리는 인생을 살다가 진정으로 하나님을 의지해야 하는 순간을 맞이한다. 그 순간이 바로 우리 인생의 얍복강가이다. 하지만 우리는 그 순간에도 여지없이 우리의 능력과 지혜를 의지한다. 그렇기 때문에 우리에게도 "어떤 사람"이 필요하다. 우리의 능력과 지혜를 내려놓고 전폭적으로 하나님만 의지하며 사는 진정한 신앙의 삶을 살기 위해서는 꼭 필요한 만남이 바로 "어떤 사람과의 만남"이다. 그 사람은 나를 힘들게 하는 사람일 수도 있고, 어떤 사건일 수 있다. 당신에게 "어떤 사람"은 누구 또는 무엇인가?

이스라엘의 의미

씨름 후에 하나님은 야곱에게 "이는 네가 하나님과 사람으로 더불어 겨루어 이기었음이니라(28절)"라고 말씀하신다. 그래서 우리는 야곱이 하나님과 씨름하여

이기었기 때문에 '이스라엘'이라는 이름을 가졌다고 생각한다.

하지만 이 이름은 하나님에 대항하여 싸우는 것이 아니라, "하나님과 더불어", 즉 "하나님과 함께 함으로 도움을 얻어 싸움으로 사람들에게 능력을 나타낼 것이다"라는 의미를 갖고 있다. 왜냐하면 구약 성경의 헬라어 역본인 70인 역(LXX)에서는 "이기었다"는 단어를 2인칭 단수 미래형으로 사용하고 있기 때문이다.

그러므로 이 말은 '앞으로 네가 하나님께 함께 함으로 이기는 삶을 살고, 사람들 앞에서 능력을 나타내는 사람이 될 것이다'라는 의미가 된다. 핵심은 이기는 것이 아니라 하나님과 함께 하는 것이다. 이것이 바로 우리의 소명(Calling)이다. 우리는 하나님과 함께 함으로 이기는 인생으로 부름 받았다. 이러한 소명이 바로 우리 인생의 얍복 강가에서 확인해야 할 귀하디 귀한 진리이다.

주님을 만난 이후

얍복 강가의 씨름 이후에 야곱에게는 분명히 달라진 것 두 가지가 생긴다. 첫째는 그 사건을 통해 하나님을 보았다고 하는 분명한 신앙 고백이고, 둘째는 하나님을 만난 증거로 평생을 절뚝거리며 살게 되었다는 것이다. 야곱은 하나님을 만나는 신앙적 체험을 했지만 절름발이가 되었다. 우리는 '두 다리가 멀쩡해도 살기 힘든데, 절름발이가 되어 어떻게 살아갈까?' 걱정한다. 하지만 성경은 전혀 다른 이야기를 우리에게 보여준다. 야곱이 절름발이가 된 후 겪은 사건은 그의 인생에서 아주 큰 위기였던 '에서와의 만남'이었다. 그런데 이 만남에서 그의 신앙적 체험이 정확하게 적용되는 것을 볼 수 있다.

야곱은 에서에게 "내가 형님의 얼굴을 뵈온즉 하나님의 얼굴을 본 것 같사오며 형님도 나를 기뻐하심이니이다(창 33:10)"라고 말했다. 그는 왜 에서의 얼굴에서 하나님의 얼굴을 본 것일까? 야곱은 하나님과 씨름한 후 그곳을 브니엘, 하나님의 얼굴이라는 뜻의 별칭을 붙였다. 그것은 하나님의 얼굴을 보고 살자가 없는데 살았기 때문이다.

마찬가지로 그의 신앙의 경험은 고스란히 삶에 철저하게 재현된다. 에서를 만나고 살지 못할 것이라고 생각했는데 살았다는 것이다. 야곱은 하나님을 만남으로써 두 다리를 절게 되는 처량한 신세가 되었지만, 오히려 에서는 그의 절뚝거림을 보면서 측은지심을 느껴 분노는 풀리고 형제의 사랑으로 야곱을 품었다. 이 사건을 통해 야곱은 깨달았을 것이다. '아, 인생이란 나 자신의 지혜와 능력으로 사는 것이 아니라, 하나님의 말씀으로 사는 것이구나! 하나님과 함께할 때만 승리할 수 있구나!'

|청년 자기 체크리스트|

아래의 체크리스트를 가지고 오늘 소그룹 모임에 임한 자신의 태도를 충분히 점검해 보라.

점검 사항		5	4	3	2	1
준비 및 예습	본 과를 준비하면서 충분히 예습은 하였는가					
	각 과의 분명한 목적은 알고 모임에 임했는가?					
	성령께서 나를 만지시도록 기도로 준비하였는가?					
	소그룹원들을 위해서 중보하였는가?					
	리더를 위해서 중보하였는가?					
	나를 변화시키실 하나님을 기대하는 마음으로 임했는가?					
참여 및 자세	적극적으로 질문과 대답에 참여했는가?					
	정직하게 자신을 오픈했는가?					
	지체들의 발표에 사랑하는 마음으로 공감적 경청을 하였는가?					
	모임 중 성령의 인도하심을 계속적으로 기도했는가?					
	하나님께서 원하시는 것이 무엇인지 분명히 알았는가?					
	발견된 진리를 삶과 인격에 적용하기로 결단했는가?					
	이번주에 중보할 지체를 발견했는가?					
적용 및 결단	삶과 인격 변화를 위한 이번주 자신의 적용은 구체적인가?					
	배운 내용이 삶의 상황에 분명히 적용되었는가?					
	소그룹 모임에 대한 만족감이 있었는가?					
	배운 내용을 분명하게 정리했는가?					
	이번 과의 주제와 목적을 분명히 알게 되었는가?					
	삶과 인격의 변화를 위해 기도할 준비가 되어 있는가?					
평가	이번주 총점					

"그러므로 내 사랑하는 형제들아 견실하며 흔들리지 말고 항상 주의 일에 더욱 힘쓰는 자들이 되라 이는 너희 수고가 주 안에서 헛되지 않은 줄 앎이라" (고전 15:58)

- 이번주 생일자는?
- 다음주 청년부 행사는?
- 이번 달 암송 구절과 필독서는?
- 이번주 소그룹 특이 사항은?
- 다음주 전도할 대상은?

12과
죽음, 막벨라굴의 비전
죽음(창49:29~50:3)

거꾸로 사는 연습

행복해서 행복한 사람이 세상이 몇이나 있을까? 좋아서 좋은 사람, 웃겨서 웃는 사람이 과연 몇이나 될까? 세상을 살다 보면 행복해서 행복하기 보다는 애써 행복을 만들어 가는 경우가 더 많은 것 같다.

단 문제는 행복을 만들어가는 과정이 어떠한가에 달려있다. 행복을 만들어가는 자세, 표정, 말투가 그렇게 힘겨운데 과연 행복을 만든다고 할 수 있을까? 좀 더 쉽게 행복을 만들어 갈 수는 없을까? 물론 방법은 있다. 뭐든지 거꾸로 사는 훈련을 하면 된다.

세상의 넓은 길보다는 좁은 길로, 유익을 위해서 살기보다는 손해를 보면서 사는 것이다. 성공하려고 하고 이익을 내려고 하니까 실패하고 손해를 보면 아프고 화가 나는 것이다. 누가 말한 것처럼 '자살'을 거꾸로 보면 '살자'가 된다. 영어의 '스트레스(Stressed)'도 거꾸로 보면 '디저트(Dessert)'가 된다.

자살이 살자가 되고, 스트레스가 디저트가 되면 얼마나 삶이 멋질까? 그러고 보면 하나님은 일찌감치 우리에게 이런 삶의 비결을 가르쳐 주셨다. 오리를 가자고 하면 십리를 가고, 겉옷을 빼앗고자 하면 속옷까지도 내어주라는 말씀이 바로 '거꾸로 사는 연습'을 하라는 말씀이 아닌가 싶다.

삼중고를 겪으면서 살았던 헬렌켈러도 "내 생애 행복하지 않은 날은 단 하루도 없었다"는 고백을 남겼다. 행복이 어디에서 오는지도 모르면서 행복을 좇는 사람은 행복이 꼬리에 있는 줄 알고 계속해서 자기 꼬리를 향해 빙글빙글 도는 강아지와 같다. 거꾸로 사는 연습을 통해 행복은 우리 옆에 성큼 다가설 것이다. 거꾸로 살고자 한다면 젊음은 즐길 때가 아니라 인생의 내공을 쌓을 때다. 행복의 비결을 깨달았다면 이제는 슬슬 연습을 시작하자.

말씀암송 | 사랑에 의한 생활(요일4장11절)

사랑하는 자들아 하나님이 이같이 우리를 사랑하셨은즉 우리도 서로 사랑하는 것이 마땅하도다

|다가서기|

1. 모든 사람은 각자의 영역에서 자신만의 역할을 가지고 있다. 지금 이 시간에는 아래에 열거된 많은 역할들 중에서 자신이 감당하고 있는 역할들을 체크하고 소그룹원들에게 아래의 지시문에 따라 이야기해 보라.

나의 역할은? ______________________

☐ 자녀 ☐ 세입자 ☐ 애완동물 주인

☐ 고시생 ☐ 소유자 ☐ 등록교인

☐ 대학생 ☐ 자가용 운전자 ☐ 고용주

☐ 형(남동생) ☐ 노동자 ☐ 자원봉사자

☐ 언니(여동생) ☐ 소그룹 회원 ☐ 환경운동가

☐ 백수(백조) ☐ 친구 ☐ 기타

· 이 역할들 가운데 가장 즐거운 것은 ______________이다.

· 가장 보상이 큰 것은 ______________이다.

· 가장 힘든 역할은______________이다.

· 가장 많이 배우는 것은 ______________이다.

2. 당신은 죽음이 무엇이라고 생각하는가? 죽음에 대한 두려움이 있는가? 그 이유는 무엇인가?

|깊이보기|

3. 야곱은 요셉이 있는 애굽으로 와서 죽으면서 그 죽음을 무엇이라고 묘사하고 있는가?(29,33절)

4. 당대 최고의 실세(實勢)의 아버지 야곱은 자신의 시신을 가나안 땅에 있는 에브론의 밭에 있는 굴에 자신의 선조와 함께 장사해 달라고 말한다. 이 말은 그가 무엇을 바라보고 죽었다는 말인가?(30,31절)

5. 믿음의 사람 야곱이 죽자 치러진 장례식 상황을 자기 말로 정리해 보라(1~3절).

6. 믿음의 사람 야곱이 죽었는데, 온 애굽이 움직이고 있다는 사실을 보면서 무엇을 느끼는가?

7. 하나님은 야곱에게 틀림없이 가나안 땅을 주시겠다고 하셨다. 하지만 지금 야곱은 가나안이 아닌 애굽에서 죽는다. 그는 '하나님은 없다.'라고 결론내릴 수도 있었을 것이다. 하지만 그의 결론은 달랐다. 그 증거가 무엇인가?(29절)

8. 막벨라굴은 야곱에게 있어서 신앙의 걸림돌이 아니라 신앙의 주춧돌이 되었다. 그래서 장차 출애굽 백성이 가나안으로 돌아갈 때 이 막벨라굴이 약속의 땅의 표지가 된다(25절). 당신의 죽음은 당신의 후손들에게 어떤 의미가 되었으면 좋겠는가? 그렇게 하기 위해서는 어떤 노력이 있어야 겠는가?

9. 죽음으로 가는 우리의 삶의 여정 속에도 야곱의 막벨라굴과 같은 것이 있어야 한다. 어떤 어려움 속에서도 믿음을 저버리지 않게 하는 그 무엇인가가 당신에게는 있는지 나누어 보라.

10. 야곱의 죽음은 고스란히 요셉의 죽음에 결정적인 영향을 미친다. 요셉의 죽음은 하나님의 말씀을 붙들고 맞이한 죽음이다. 그 증거가 무엇인가?(창50:25) 당신에게 있어서 하나님의 말씀을 붙들고 죽는 것은 무엇을 의미하는지 생각해 보라.

|다짐하기|

11. 야곱의 유언과 요셉의 유언의 공통점은 그들 모두 죽음을 끝이 아니라고 생각하고 있다는 것이다. 성경은 죽음에 대해서 어떻게 말하고 있는지 읽고 죽음에 대한 자신의 이해를 나누라.

12. 당신의 죽음이 일주일 뒤라고 한다면 당신은 무엇을 하겠는가? 그리고 유언장을 간단하게 하지만 정성 드려 작성해 발표하고 왜 그렇게 작성했는지를 설명하는 시간을 가지라.

13. 믿음으로 말씀을 붙들고 죽는 죽음을 맞이하기 위해서 당신이 지금 당장 고쳐야 하는 좋지 못한 삶의 습관이 있다면 점검하고 구체적으로 어떻게 고칠 것인지를 지체들에 나누어 중보를 요청하라.

|관점얻기|

족장 시대의 종결

야곱의 죽음은 아브라함에서부터 야곱까지의 족장 시대가 끝이 났다는 것을 의미한다. 성경은 이 장례가 거의 국가적 장례 정도로 치러졌다고 소개한다. 40일 동안 야곱을 '미라'로 만들었고 애굽 사람들은 야곱의 죽음을 슬퍼하며 70일 동안 울었다. 애굽 왕 바로의 장례식에서 사람들이 72일 동안 애곡하는 것을 감안한다면 야곱의 장례는 그야말로 대단한 것이었다.

뿐만 아니라 7~9절을 보면, 애굽의 모든 신하와 바로 궁의 원로들, 그리고 애굽 각지를 다스리는 고위 관직자들은 말할 것도 없고, 병거와 기병까지 더해져 가나안으로 가는 야곱의 운구행렬은 어마어마한 규모의 행렬이 되었다고 증언하고 있다. 하지만 이 장례식은 요셉의 권세나 바로의 자비를 나타내는 것이 아니라 하나님께서 역사의 주관자이심을 나타내는 것이다. 믿음의 사람 야곱이 죽자 애굽 전체가 움직이고 있다. 애굽을 움직이는 힘은 하나님께로부터 나온다. 역사를 움직이는 힘은 바로 하나님의 약속이다. 가나안 땅을 믿음으로 바라보고 죽은 야곱의 믿음이 지금 애굽 전체를 움직이고 있다. 우리 인생의 주관자, 인류 역사의 주관자는 오직 하나님이시다.

우리 인생의 막벨라굴을 바라보는 것이 죽음이다

야곱의 유언은 막벨라 굴에 매장해 달라는 것이었다. 야곱은 막대한 권력을 가진 요셉의 아버지였고, 당대 최고의 문화 제국 애굽에서 죽었지만 애굽이 아닌 말씀을 택했다. '가나안 땅을 너와 네 후손에게 주겠다.'라고 하신 하나님의 약속의 말씀을 죽을 때까지 붙들고 있었던 것이다. 하지만 그 당시 현실은 하나님께서 족장들에게 가나안 땅을 주겠다고 약속하신 것과 달리, 족장 중 아무도 가나안 땅을 소유하지 못한 상황이었다. 다만 아브라함이 아내 사라를 장사하기 위해 샀던 막벨라 굴밖에 없었다. 그게 전부였다.

야곱은 죽음의 순간에 '하나님은 없다. 믿음은 새빨간 거짓말이다'라는 결론에 도달할 수도 있었을 것이다. 하나님의 약속만 믿고 믿음으로 평생을 살았는데, 죽음의 그 순간까지 변한 것이 하나도 없었기에 충분히 그럴 수도 있었다. 야곱에게 막벨라 굴은 신앙의 장애물일 수도 있었지만, 하나님의 살아계심을 증명하는 곳이기도 했다. 야곱은 애굽에서 죽었지만 야곱의 인생은 애굽에서 끝나지 않았고 가나안에서 끝났다. 요셉도 애굽에서 죽었지만, 그의 이야기도 결국 가나안에서 끝났다. 우리도 마찬가지다.

우리 인생의 끝도 이 땅이겠지만, 결코 우리의 이야기는 이 땅에서 끝나지 않을 것이다. 우리의 인생도 실패와 좌절의 이야기일 수 있다. 그 증거가 내가 가지 못한 대학, 합격하지 못한 시험 또는 이루지 못한 사랑일 수 있다. 이것이 바로 우리의 막벨라굴이다. 하지만 우리의 인생은 결코 이 땅에서 끝나지 않는다는 것을 기억하자.

가나안 귀환의 표지

야곱의 막벨라굴은 개인이 그리던 장례지가 아니었다. 그곳은 하나님이 살아 계시다는 것을 가장 강력하게 증명할 수 있는 곳이었다. 야곱은 이스라엘 백성들이 가나안으로 가야 할 지표가 어디인지를 마지막으로 보여주는 역할을 하고 있다.

야곱은 자신은 죽지만 앞으로 일어서게 될 다음 세대에게, 마지막으로 하나님께서 우리에게 주신 땅은 이곳 애굽이 아니라 가나안땅이라고 말하는 것이다. 야곱은 마지막 족장으로서의 인생의 마지막 순간에 후손들을 향한 마지막 사인(Sing)을 남겼다. 우리는 언젠가 죽는다. 죽음의 그 순간에 나는 실패자요, 인생 낙오자라고 생각할 사람이 있을지도 모른다. 하지만 그렇게 생각하는 그 '막벨라굴'이 사실은 하나님의 살아계심을 증명하는 곳이다. 하나님의 약속을 붙들고 살고 붙들고 죽으면, 우리에게 주어진 그 초라한 것이 위대한 영광이 되는 날을 보게 될 것이다.

|청년 자기 체크리스트|

아래의 체크리스트를 가지고 오늘 소그룹 모임에 임한 자신의 태도를 충분히 점검해 보라.

점검 사항		5	4	3	2	1
준비 및 예습	본 과를 준비하면서 충분히 예습은 하였는가					
	각 과의 분명한 목적은 알고 모임에 임했는가?					
	성령께서 나를 만지시도록 기도로 준비하였는가?					
	소그룹원들을 위해서 중보하였는가?					
	리더를 위해서 중보하였는가?					
	나를 변화시키실 하나님을 기대하는 마음으로 임했는가?					
참여 및 자세	적극적으로 질문과 대답에 참여했는가?					
	정직하게 자신을 오픈했는가?					
	지체들의 발표에 사랑하는 마음으로 공감적 경청을 하였는가?					
	모임 중 성령의 인도하심을 계속적으로 기도했는가?					
	하나님께서 원하시는 것이 무엇인지 분명히 알았는가?					
	발견된 진리를 삶과 인격에 적용하기로 결단했는가?					
	이번주에 중보할 지체를 발견했는가?					
적용 및 결단	삶과 인격 변화를 위한 이번주 자신의 적용은 구체적인가?					
	배운 내용이 삶의 상황에 분명히 적용되었는가?					
	소그룹 모임에 대한 만족감이 있었는가?					
	배운 내용을 분명하게 정리했는가?					
	이번 과의 주제와 목적을 분명히 알게 되었는가?					
	삶과 인격의 변화를 위해 기도할 준비가 되어 있는가?					
평가	이번주 총점					

"그러므로 내 사랑하는 형제들아 견실하며 흔들리지 말고 항상 주의 일에 더욱 힘쓰는 자들이 되라 이는 너희 수고가 주 안에서 헛되지 않은 줄 앎이라" (고전 15:58)

- 이번주 생일자는?
- 다음주 청년부 행사는?
- 이번 달 암송 구절과 필독서는?
- 이번주 소그룹 특이 사항은?
- 다음주 전도할 대상은?